Jang & Hosak

Schamanisches Heiltrommeln

Junghee Jang & Mark Hosak

Schamanisches Heiltrommeln

Die intuitive Methode zur Erweckung von Sinnlichkeit, Lust und Lebensfreude

WINDPFERD

1. Auflage 2009

www.windpferd.de

Umschlaggestaltung: Peter Krafft Designagentur, Bad Krozingen
Fotografien: Konrad Gös
Lektorat: Silke Kleemann
Layout: Marx Grafik & ArtWork
Gesamtherstellung: Schneelöwe Verlagsberatung & Verlag, Oberstdorf
Printed in Germany · ISBN 978-3-89385-579-7

Inhalt

Vorwort

Die Trommel ist ein Musikinstrument für jedes Alter. Babys, Kinder und Erwachsene können einfach ohne Vorkenntnisse auf ihr spielen. Dieser spielerische Aspekt macht die Trommel einzigartig.

Wir werden gefühlvoller, wenn wir der Trommel begegnen. Freude, Gänsehaut, Begeisterung, Fieber und Lebenslust erwachen in uns. Wenn dies immer zu unserem Alltag gehören könnte – das wäre eine schöne Sache!

Das Schamanische Heiltrommeln ist nichts Neues, sondern ein ganz alter menschlicher Erfahrungsschatz. Wir haben diesen Schatz wieder entdeckt und einfach mit unserer Art poliert, so dass er jedem zur Verfügung stehen kann.

Trommeln kennt jeder. Schamanismus hingegen kennt nicht jeder. Unter Heiltrommeln können sich manche etwas vorstellen, andere nicht.

Es kam einmal eine Frau zum Seminar über Schamanisches Heiltrommeln, um zu erfahren, was das eigentlich ist. Während einer Übung lag sie am Boden. Die Trommel begleitete ihr Wohlbefinden. Entspannung breitete sich in ihrem ganzen Körper aus. Aus ihren Augen traten Tränen, und etwas berührte sie tief. Im Inneren passierte vieles, was außen sehr ruhig wirkte. Am Ende der Übung stand sie langsam auf, setzte sich auf den Boden und atmete tief aus. Sie war von ihren Gefühlen überwältigt und brauchte eine Weile, bis ihr Atem wieder ruhiger wurde. Wir fragten sie, wie es ihr ginge. Und sie antwortete: „Ich wusste nicht, was Heiltrommeln bedeutet. Dieses Wort ‚Heil' konnte ich nicht begreifen. Jetzt weiß ich, was das ist. Das ist Heiltrommeln!"

Beim Schamanischen Heiltrommeln geht es darum, etwas zu erleben.

Durch reichlich Selbsterfahrung schaffen wir einen neuen Raum, in dem sich mehr Freude und Lebendigkeit ausbreiten, wo mehr Licht scheint, wo das Wort Einsamkeit nicht existiert, wo die Kraft da ist, die im Alltag verlorengegangen ist.

In diesem Buch geht es darum, etwas Neues zu erfahren und zu erleben. Jedes neue Wissen wirft eine neue Frage auf. Für diese Frage kann man durch das Selberausprobieren eine Antwort hervorbringen. Damit kann das Wissen aus der praktischen Erfahrung zur Weisheit kommen.

Die schamanische Energiearbeit steht immer in Verbindung mit Lichtwesen.[1] Sie sind die Quelle der Energien, die übertragen werden. Der Schamane, der die Trommel spielt, ist das Medium (der Kanal), der die Energie der Lichtwesen durch sich leitet und u.a. über die Trommel und ihre Klänge in die Welt bringt. Ohne die Verbindung zu den Lichtwesen ist die Trommel ein normales Musikinstrument, wie wir es aus unserem Alltag kennen. Durch die Einstimmung und Anrufung der Engel, Götter und Krafttiere kann man über das Trommelspiel spirituelle Erfahrungen sammeln. Genau das macht das Schamanische Heiltrommeln so besonders. Sowohl der Zuhörer als auch der schamanische Heiltrommler erkennen, dass die Art und Weise des Schamanischen Heiltrommelns wie auch die daraus resultierenden Klänge etwas völlig anderes sind als rein musikalisches Trommeln.

So haben wir beschlossen, den Rahmen der Begeisterung und Freude für viele Menschen zu vergrößern, indem wir unsere persönlichen Erfahrungen mit dem Schamanischen Heiltrommeln in diesem Buch vorstellen.

Die Beispiele, wie es uns und vielen anderen damit ging, werden dem Leser helfen, seine musikalischen und schamanischen Talente zu entdecken, seine Kreativität zu stärken, lebensspendende Energien in den Alltag zu rufen, Selbstbewusstsein und Urvertrauen zu schaffen und dem eigenen Herzen sowie der uns innewohnenden ureigenen Natur näher zu kommen.

Wir freuen uns und sind sehr dankbar dafür, dass wir unsere wunderschönen Erfahrungen mitteilen können!

Unsere schamanischen Ausbildungen haben wir überwiegend in der Stadt, in enger Verbindung mit dem Alltag, genossen, indem wir viele Seminare besucht und das dort Gelernte in den Alltag integriert haben.

Manche glauben, eine solche Ausbildung finde überwiegend im Wald oder in der Isolation statt. Dort kann man solche Dinge natürlich auch lernen, aber es ist nicht der einzige Ort, wo man sein altes Erbe wiederentdecken kann. Wir leben nicht mehr auf dem Feld mit Tieren oder im Urwald. Daher ist der Ausbildungsort dem Zeitalter angepasst. Dennoch ist die Natur ein Ort, an den wir uns als Stadtschamanen häufig begeben,

[1] Lichtwesen ist ein Sammelbegriff für Engel, Götter, Elfen, Devas, Feen, Krafttiere, Buddhas, Bodhisattvas etc.

um uns dort inspirieren und von der Natur belehren zu lassen. In der Natur kann man viele wundersame Dinge erleben, die man im Alltag selten zu sehen bekommt. Im Alltag wiederum gibt es vieles, was man in der Natur kaum bekommt.

Unsere Art der schamanischen Heilung passt wunderbar zu den Menschen, die einen ganz normalen Alltag in der Stadt oder in einem Dorf leben und den Wunsch hegen, ihren Alltag noch glücklicher zu gestalten.

Wir beziehen unsere schamanische Erfahrung aus dem koreanischen und japanischen Schamanismus, sowie besonders aus dem lemurianischen White Feather Schamanismus. Die Begegnung mit und die Offenheit für andere schamanische Traditionen wie Huna oder die der Indianer hilft uns dabei, die schamanischen Fähigkeiten auszubauen und zu erweitern.

Wir lehren schamanische Geistheilung des lemurianischen White Feather Schamanismus, wo es auf einer höheren Stufe darum geht, die eigene Magie durch Kreativität und Medialität auszuschöpfen. Zu unserem spirituellen Weg gehört auch die Arbeit mit der spirituellen Lebensenergie Reiki, Erfahrungen aus diesem Bereich, besonders dem Rainbow Reiki, lassen wir ebenfalls immer wieder einfließen. Rainbow Reiki ist eine erhebliche Erweiterung des traditionellen Usui-Reiki, in dem bereits die schamanischen Grundelemente integriert sind und als Grundlage für den White Feather Schamanismus angewandt werden.

Wir danken unserem spirituellen Lehrer Walter Lübeck, der uns mit Liebe und Weisheit geholfen hat, den Zugang zu unserem schamanischen Kanal wiederzufinden. Wir danken auch allen Menschen, die uns Wärme und Liebe geschenkt haben, mehr in unsere Kraft zu kommen.

Dieses Buch soll als Anregung, Inspiration und Übungsbuch dienen. Möge es dazu beitragen, die Welt grenzenlos kennenzulernen. Dieses Buch widmen wir der Großen Göttin. Möge es ihr Freude bringen, wenn sie sieht, dass durch diesen Erfahrungsschatz viele den Weg ihres Herzens wiederfinden.

Schamanisches Heiltrommeln

Herzlich willkommen in der Welt des Schamanischen Heiltrommelns! Mit diesem Buch laden wir Sie in eine spirituelle Welt ein, in der Sie sich selbst wieder finden können.

Indem Sie sich für die Inhalte dieses Buches öffnen, werden Sie über die fünf Sinne hinaus Wunderschönes erleben. Die Bewegungen der Augen über die Zeilen, die Berührung der Hände auf den Seiten und die aktive Verarbeitung des Inhalts im Gehirn sind nicht alles, was während des Lesens passiert.

Dieses Buch wurde, wie auch Steine, Sterne, Bäume und das Meer, von der Schöpferkraft geschaffen, um die göttliche Liebe und Weisheit aus altem spirituellem Wissen in der Welt zu verbreiten.

Alles, was in dieser Welt existiert, ist lebendig. Das ist die Essenz des Schamanismus. Als Schamanen haben wir dieses Buch den Göttern gewidmet, damit sie ihre himmlischen Botschaften durch uns, unser Handeln und die Trommeln den Wesen dieser Welt schenken können und man auf diesem Wege den Göttern und ihrer Göttlichkeit näher kommen kann. Danken möchten wir an dieser Stelle all den spirituellen Helfern, die uns während des Schreibens unterstützt haben. Ihre Energien wirken durch die Worte und Bilder auf den Lesenden und führen zu Entspannung, Geborgenheit und Einsicht. Erkennt man die darin verborgenen Botschaften, hält man einen Schatz in beiden Händen. Lassen Sie Ihre inneren Bilder in sich hochkommen, lassen Sie Ihrer Fantasie freien Lauf. Durch die Vielschichtigkeit bekommt jeder genau das, was für ihn gerade wichtig und nützlich ist.

„Es scheint die Sonne früh morgens durch die Bäume. Einige Plätze liegen noch im Schatten. Dadurch wirkt der Bereich, wo die Sonne scheint, besonders strahlend. Die Luft ist noch kühl, und wenn man durch den Mund ausatmet, sieht man den Atem als Wolke, ein Hauch, der die Sonne reflektiert und sich nach vorne bewegt. Auch der mit Moos bewachsene Stein, der Baum und der Fluss atmen aus, indem sie Dampf in den Himmel steigen lassen."

Lassen Sie sich einfach überraschen, welche Lebendigkeit Ihnen von nun an mit diesem kleinen Buch im Alltag geschenkt wird.

Wie wir auf dieses Buch kamen

Soweit ich (Junghee) mich erinnern kann, kam ich mit sieben Jahren das erste Mal mit dem koreanischen Schamanismus in Kontakt. Meine Mutter hatte mich zu einer Schamanin mitgenommen. Damals war ich sehr beeindruckt von ihrer außergewöhnlichen Ausstrahlung und den Ritualgeräten, die man sonst nur selten zu sehen bekommt. Die mir damals unbekannte mystische Stimmung war die Präsenz der Götter, die durch ausdrucksvolle Tanzbewegungen, spirituelle Malerei und tief berührende Gebete gerufen wurden. Seit ich mich dafür entschlossen habe, den Weg des Herzens zu gehen, begegne ich immer öfter den Spuren des Schamanismus.

Da meine Mutter Musik und Tanz liebte, bekam ich zu Hause immer Musik zu hören. Meine Mutter sang so gern und leidenschaftlich, dass es mich immer faszinierte. Ihre Stimme beinhaltete alles über das Leben, Freude, Lust, Sehnsucht, und auch Trauer. Wenn sie sang und tanzte, war ich so freudvoll, dass dies Hoffnung und Träume in mir wachsen ließ.

Mein Vater war genau das Gegenteil. Bei ihm herrschte überwiegend Stille. So wusste ich damals schon, wie wichtig es ist, sich auf die Rhythmen des Lebens einzustimmen, freudvoll zu leben, um aus dem, was man ist, das Beste herausholen zu können.

So spielte ich mit diesem und jenem Musikinstrument und sehnte mich danach, tief in die Welt der Musik einzutauchen.

Ich wuchs in einer Kultur auf, wo Trommeln bei verschiedenen Volksfesten, in schamanischen, buddhistischen, daoistischen und nationalen Ritualen die musikalische Begleitung waren. Mich begeisterten immer die verschiedenen Stimmungen, die durch Trommeln ausgelöst wurden. Die Fülle der Freude, Aufregung, Lebendigkeit, und auch die Stille, sowie die Nachwirkungen der Trommeln.

Ich liebte die Taebuk (koreanische große Trommel). Nach den hinreißenden, kraftvollen Schlägen auf dem Trommelfeld blieben die Rhythmen und der Bass einige Zeit in meinem Puls. Mein Herz fühlte sich lebendig an und machte die Musik mit. Ich erinnere mich noch, wie ich energieaufgeladen durch die Gegend hüpfte.

Besonders faszinierten mich die beruhigenden und eher monotonen Klänge einer Trommel und von Gongs im buddhistischen Tempel. Den Klang atmete ich mit dem ganzen Körper ein, und dabei spürte ich etwas besonderes, nämlich dass dieser Klang über die Berge hinaus weit über den Himmel strahlte. Zu dem Himmel, wohin meine Sehnsucht und Wünsche aufsteigen konnten. Der fein vibrierende und angenehme Ton führte mich in eine Welt der Stille. Fantasievollen Wesen begegnete ich dort und ich ahnte, dass in dieser Welt etwas existiert, wodurch mein Herz in die Fülle kommt.

Das Interesse und die Liebe für uralte Musik und das Ritualinstrument Trommel nahmen rasch zu. Die Begeisterung und Faszination von Menschen auf Afrika-Märkten, esoterischen Messen, internationalen Trommelkonzerten und Musiktherapien war stark spürbar.

An den Kraftorten der Welt trommeln Menschen zusammen und machen schamanische Rituale für andere und das eigene Wohlergehen.

In fast jeder größeren deutschen Stadt gibt es heute eine Trommelgruppe, und jeder kann einfach in einen Trommel-Workshop einsteigen. Dort lernen Teilnehmer meistens die rein musikalischen Aspekte des Trommelns.

Es gibt viele internationale japanische und koreanische Trommelgruppen, die ihr traditionelles Trommelspiel mit modernen musikalischen Gattungen kombiniert als Show präsentieren. Dabei spielt die künstlerische Seite der Trommel eine große Rolle und es wird auf den unterhaltenden und spektakulären Aspekt ein größerer Schwerpunkt gelegt als auf die rituellen und meditativen Aspekte. Dennoch begeistern uns die machtvollen Rhythmen der Trommel.

So haben wir in Korea einem Konzert von „Nanta – Cooking" beiwohnen dürfen, wo die Trommler mit scharfen Messern auf Holzbrettern und anderen Gegenständen in einem Affentempo trommelten, während sie gleichzeitig damit Gemüse kleinschnitten. Fantastisch.

In der Blue-Man-Show in Deutschland spielten die Trommler auf Regentonnen mit Wasser und Farben, so dass auch hier Rhythmen und visuelle Effekte bizarr miteinander verbunden wurden.

Als ich auf einem Markt in Deutschland der afrikanischen Djembe-Trommel begegnete, kamen viele solcher Erinnerungen hoch, die ich längere Zeit vergessen hatte. Aber ich spürte noch etwas, das ich damals schwer begreifen konnte. Inzwischen weiß ich, was das war. Meine schamanische Ader, die lange darauf gewartet hatte, wieder voll ausgelebt zu werden, begann wieder zu erwachen. So begann ich mich mit der Kunst des Trommelns zu beschäftigen. Ich lernte bei verschiedenen Lehrern, die mich alle auf ihre Art weiterbrachten, jedoch spürte ich in meinem Herzen ebenfalls, dass da noch wesentlich mehr dahintersteckte als nur das musikalische Trommeln. Auf dem Trommel-Konzert eines indischen Meisters, der in seiner Heimat trommelnd durch den Garten einer Klinik geht und die Leute mit seinen Klängen heilt, wurde diese Vermutung dann endgültig bestätigt, und ich wusste, dass ich auf dem richtigen Pfad war.

In den schamanischen Ausbildungen und Sitzungen des White Feather Schamanismus erfuhr ich, dass die Trommel unsere Emotionen positiv beeinflusst und unsere spirituelle wohltuende Erfahrung unterstützt. Man wird locker und zeigt seine Gefühle deutlicher. Der kraftvolle und stampfende Beat hilft uns, unsere alltägliche Rolle loszulassen und unser wahres und natürliches Gesicht zu zeigen. Wie auch meine persönliche buddhistische Schutzgöttin, die elfköpfige Kannon, die mit elf verschiedenen Gesichtsausdrücken das Leben präsentiert, spielt in unseren schamanischen Seminaren die emotionale Ebene eine wichtige Rolle. Emotionen sind Vitamine für die Seele, die uns lebendig und kraftvoll machen, wenn sie konstruktiv ausgelebt werden.

Gefühle sind wie Wasser, das fließen soll, um gesund und vital zu sein. Viele Menschen behalten ihre Gefühle in sich zurück oder unterdrücken sie sogar, bis sie sie selber nicht mehr wahrnehmen. Alle Arten der Verdrängung der Gefühle verursachen viele Probleme im Leben, in Form von Krankheit, neurotischen Strukturen, Abspalten von Persönlichkeitsanteilen und Beziehungsunfähigkeit.

Trommeln lassen die Gefühle wieder frei. Altes und Verdrängtes kann mit den Trommeln nun endlich losgelassen und befreit werden. Auch Gefühle, die man lange nicht mehr gespürt hat, weil sie so lange verdrängt wurden, dass sie wie narkotisiert waren. Wir lernen wieder Weinen, Lachen, Singen, spüren Geborgenheit und erkennen, wo es tief greifende seelische Schmerzen zu heilen gibt. Erkenntnis ist der erste Schritt zur Besserung.

Somit konnte ich die Menschen besser erreichen und ihnen da helfen, wo sie es wirklich brauchten. Ich fing an zu forschen, warum die Trommel uns so tief berührt und wie man aus der Trommel mehr machen kann als nur unterhaltendes Trommeln. Ich entdeckte mehr und mehr die rituelle, energetische, meditative, heilende und spirituelle Komponente der Trommel, unter anderem, indem ich alte Trommel- und Tanzrituale der Kulturen dieser Welt erlernte und verglich.

Ich nutzte mein Wissen über die schamanische Geistheilung des White Feather Schamanismus und sammelte Erfahrungen mit dem Trommeln. Je mehr ich dies tat, desto mehr Ideen und Möglichkeiten des Trommelns tauchten auf, wie man sie gezielt und effektiv in der Heilungsarbeit einsetzen kann. Viele Eingebungen, Inspirationen und Rückführungen haben ein vollständiges, aber weiter wachsendes Heilungssystem aufgebaut, das nach und nach immer größer wurde. Ich konnte den Menschen erheblich besser helfen, für ihre Gesundheit und ihr Wohlbefinden zu sorgen und wieder zu sich selbst zu finden. Diese Erkenntnisse und praktischen Erfahrungen habe ich aus mehreren Jahren schamanischer Erfahrung gewonnen.

Eines Tages hatte ich eine Vision, dass ich meine Gabe, mein Wissen und meine Erfahrung weitergeben solle. Ich überlegte mir, wie ich dafür sorgen könnte, dass viele Menschen die Chance hätten, leicht diese Kunst zu erlernen, ohne dass sie vorher mehrere Jahre trainieren müssten. Da erinnerte ich mich an den Gründer der japanischen Heilmethode namens Reiki, Mikao Usui, der zu Beginn des 20. Jahrhunderts auf der Suche war, wie man spirituelle Lebensenergie ohne jahrelanges Training dauerhaft durch den Körper fließen lassen könnte, um damit zu heilen.

Ich benutzte all meine schamanischen Erfahrungen und mein Wissen und bat viele spirituelle Wesen um Rat und Hilfe. Schließlich fand ich das, was ich heute anderen Menschen weitergebe.

Wenn ich für Kinder und Erwachsene trommle, berichten sie mir spannende Dinge über ihre Erlebnisse dabei. Manche konnten nach der Klangmassage mit der Trommel nicht gleich wieder zu Bewusstsein kommen, weil sie in einem tief entspannenden Zustand waren. Ähnlich, als hätte man eine Körpermassage bekommen, bei der man aber gleichzeitig noch stundenlang liegen kann.

Eine Frau erzählte, sie habe viele wilde Tiere in verschiedenen Ländern gesehen. Andere erzählten, dass sie in einer Höhle mit vielen Fabelwesen waren oder dass sie eine wunderschöne Landschaft mit Wasserfällen gesehen hatten, wo sie davor noch nie waren, die aber sehr plastisch aussah. Oder jemand sah sich freudvoll auf einem Felsen tanzen in komischer Kleidung, die es in der heutigen Zeit nirgendwo zu sehen gibt. Bei einer Frau kam Trauer hoch und ihr flossen die Tränen. Es war ein erlösendes Weinen, eine Erleichterung. Einige fielen sofort in eine sehr tiefe Entspannungs-Trance, so dass sie sich kaum an etwas erinnern konnten, aber irgendwie ein wundersames Gefühl dabei hatten. Sie beschrieben, dass sie in einer Art Dämmerzustand waren, wo ein Teil von ihnen ganz klar war, ein anderer jedoch ganz weit weg. Die Zeit kam ihnen so kurz vor, und gleichzeitig wirkte es wie ein Tiefschlaf über mehrere Stunden.

Während man den Trommeln lauscht, geht der Körper wie von alleine in einen tiefen Entspannungszustand. Es ist eine sehr natürliche Trommel-Klangmassage. Das Unterbewusstsein übernimmt nach und nach die Kontrolle über den Körper und sorgt auf diesem Wege für eine tiefe Heilung. Das macht sich zum Beispiel durch ein leichtes Zucken, Kribbeln oder Wärme bemerkbar.

Ich lade immer einige Lichtwesen ein und lasse mich führen, ihre Musik zu machen. Das nehmen die Teilnehmer entsprechend mit ihren Bildern und Gefühlen wahr.

Trommeln rufen Assoziationen und Erinnerungen hoch, die bis vor die Geburt führen. Es kann daher vorkommen, dass man Bilder aus der Vergangenheit sieht oder sogar eine Vision hat, die tiefe Einblicke in die Seele oder auch in die spirituelle Welt geben. Mystische Erfahrungen sind so möglich, dass man von nun an noch konstruktiver dem eigenen Weg folgen kann. Die Begeisterung und die Impulse können unter Umständen ein Leben auf eine Art und Weise verändern, von der man vorher nie zu träumen gewagt hätte. Das Schamanische Heiltrommeln zeigt einen solchen Weg auf.

Das Erleben und die Erfahrungen des Schamanischen Heiltrommelns sind tief mit dem Alltag verbunden. Im Alltag angesammelter Stress, Unsicherheiten und Sorgen werden durch heilende Klänge und Rhythmen in den Himmel steigen, so weit, dass wir sie nicht mehr sehen können. Es ist sehr gut geeignet, um abzuschalten, loszulassen und neu zu beginnen.

Der Einklang mit sich selbst und mit der Umwelt ist durch das Trommeln einfach erreichbar.

Ganz einfach durch Trommeln und Hören. Wenn man die Schallschwingungen der Klänge hört, kommt man irgendwann an einen Punkt, wo man akustisch nichts mehr hört. Der feinstoffliche Klang vibriert aber weiter in der Ferne, wo Zeit und Raum keine Rolle mehr spielen, wo alles existiert und gleichzeitig nichts existiert. Die Reise auf diesen schamanischen Pfaden gibt uns Kraft, Inspiration und Heilung.

Ich (Mark) habe mich schon seit früher Kindheit für jegliche Formen von Trommeln begeistert. Immer wenn ich jemanden trommeln hörte, war ich ganz hin und weg und dachte mir, dass ich das auch gerne können würde. Als ich es einmal ausprobierte und exakte Rhythmen spielen sollte, stieß ich bald auf massive Probleme, da es mir irgendwie nicht lag, einen Rhythmus zu halten. Früher spielte ich 14 Jahre Klavier. Nun könnte man denken, dass es mir von daher leicht fallen würde, im Takt zu bleiben. Aber das war auch beim Klaviersspielen meine größte Schwäche. So spielte ich zwar alles Mögliche, aber wenn ich ein Metronom benutzen sollte, verzweifelte jeder Lehrer an mir. Es klappte allerdings, dass die Lehrer mir das Stück in ihrem Tempo vorspielten und ich es genauso nachspielte, wie ich es gehört hatte. Auch im Orchester gab es Probleme, mit den anderen im Takt zu bleiben. So dachte ich mir jahrelang, dass ich es wohl vergessen könne, Trommeln zu lernen. Damals wusste ich noch nicht, dass man Trommeln auch ohne die klassische Musikschule lernen kann. Auf Trommelkonzerten dachte ich immer nur: "Ach, wie schön wäre es doch, wenn ich das auch könnte." In einem Urlaub trommelte ich abends in einer Alm einmal unwillkürlich auf dem Tisch. Darauf wurde eine Frau aufmerksam, die mir sodann mitteilte, dass dies ganz toll sei, und sie wollte wissen, wo ich das gelernt habe. So wunderbare Rhythmen habe sie noch nie gehört. Das irritierte mich völlig, weil mir gar nicht bewusst war, dass ich getrommelt hatte. Als ich dann bewusst weitertrommeln wollte, ging es nicht mehr. So vergingen 20 Jahre, bis ich mich in Heidelberg entschloss, Trommeln zu lernen. Zunächst hatte ich eine Lehrerin, die mir auf klassische Weise Rhythmen beibringen wollte, doch ich versagte wie früher hoffnungslos. Das deprimierte mich etwas. Dann bat ich einen Freund (der allseits bekannte und gern gesehen Brückentrommler Karlfried Honisch), mir das Trommeln zu zeigen. Dieser hatte eine ganz bestimmte Art, das Trommeln zu vermitteln. Es war alles andere als die Norm, da er selber nie auf klassische Weise trommeln gelernt hatte. Das brachte mich in kurzer Zeit sehr weit.

Während meiner schamanischen Ausbildung im White Feather Schamanismus lernte ich in einigen Seminaren ebenfalls zu trommeln, sowie viele Rituale und Tänze mit Trommeln, wo ich ganz erstaunt war, dass ich schließlich mit vielen anderen gleichzeitig trommeln konnte. Wenn ich früher nicht Klavier gespielt hätte, hätte ich vielleicht geglaubt, unmusikalisch zu sein, weil mir nicht klar war, dass mir die klassische Methode, ein Instrument zu lernen, nicht liegt. Dank dieser neuen spielerischen und eher intuitiven Methoden ohne den Zwang, wie eine Maschine einen festen Rhythmus zu halten, kam ich bald in den Genuss, mir meinen Kindheitstraum des Trommelns zu erfüllen.

Junghee und ich haben gemeinsam mit dem Trommeln begonnen. Wir waren bei den gleichen Lehrern und haben das Gleiche gelernt. Da Junghee viel mehr übte, entwickelte sie sich erheblich schneller mit den Trommeln. Eines Tages schien sie wie von einem Zauber ergriffen zu sein. Seither sprudeln aus ihr immer wieder neue Rhythmen, keiner wie der andere. Außerdem war es plötzlich mehr als nur coole Musik. Sie erlangte die Fähigkeit, die Herzen der Menschen zu berühren, die Seele zu streicheln, ihr ein Lächeln zu entlocken. Bei mir und anderen fanden durch ihr Trommeln und ihre Kraft spirituelle Heilungen statt. So begann sie die wunderschönen und sehr beliebten Heiltrommel-Seminare zu geben. Immer mehr sprudelte aus ihr heraus, und ich unterstütze dies ein wenig mit dem White Feather Schamanismus und meinen Erfahrungen. Eines Tages kamen wir auf die Idee, darüber ein Buch zu schreiben, in dem wir unser schamanisch-psychologisches Wissen mit der schamanischen Trommelheilung verbinden.

Was ist Schamanisches Heiltrommeln?

Das Schamanische Heiltrommeln nach Junghee Jang und Mark Hosak geht über die musikalische Ebene weit hinaus. Es geht darum, die Trommel als Heilung für das Energiesystem des Menschen, für Rituale und schamanische Reisen, als Tor zur Kreativität und für die Wiederentdeckung der schamanisch-magischen Talente zu benutzen.

Schamanisches Heiltrommeln hilft einem, durch die eigenen schamanischen Adern wieder kraftvoll Lebendigkeit fließen zu lassen. Dabei kommen häufig erstaunliche Phänomene auf. Es ist immer wieder faszinierend für uns, wie schnell Menschen, die vorher gar nichts damit zu tun hatten, intuitiv berührende Rhythmen hervorzaubern können. Oder wie sie damit in ihrem Alltag besser klar kommen, gelassener und kreativer werden und ihre heilerischen Talente schneller aufbauen.

Man braucht nichts weiter als eine Trommel, die mit beiden Händen gespielt werden kann. Die Übungen können natürlich genauso mit Stöcken gespielt werden. Wenn man die Trommel mit den Händen spielt, verstärkt dies die Sensibilisierung der Hände enorm, das heisst die feinstoffliche Wahrnehmung wird gefestigt und verfeinert. Auf den Händen befinden sich die Handtellerchakren und etliche weitere kleine Nebenchakren. Die Chakren in den Händen haben etwas mit den Lebensthemen zu tun, wie man etwas „handelt" oder in die Hand nimmt, wie man die Welt begreift und wie man Lebensenergien aufnimmt und abgibt. Die Hände sind die Verbindung zwischen der Trommel und dem Menschen. Mit ihnen werden Energien übertragen und feinstoffliche Informationen wahrgenommen. Das ist für die Energiearbeit des Schamanischen Heiltrommelns sehr nützlich.

Man braucht seine Trommel nicht unbedingt selber zu bauen, um damit spielen zu können. Natürlich hat man einen persönlichen Bezug zu seiner eigenen Trommel. Aber wie wir beim Autofahren auch Spaß haben können, ohne dass wir das Auto vorher selbst gebaut haben, können wir mit der erworbenen oder als Geschenk erhaltenen Trommel genauso viel

Freude haben. Der Umgang mit der Trommel ist viel wichtiger, als alle Voraussetzungen zu lernen, wie ein richtiger Schamane sich verhalten mag. Ein großer Vorteil am Schamanischen Heiltrommeln ist, dass jeder einfach einsteigen kann, ohne vorher zig Übungen machen und Vorkenntnisse haben zu müssen.

Wir werden erklären, wie jeder die faszinierenden Rhythmen der Trommel erlernen und wie man damit wunderschöne Zauberei der Heilung machen kann. Heilende Energien in ein Chakra einbringen, die Aura mit kraftvollen Trommel-Energien aufladen, schamanische Reisen, Begegnung mit Elfen, Engeln und der Göttin, Wunschrituale durchführen, Heil-Trommelmassagen, Visionssuche, Chakra-Meditation, Trommel-Tantra – dies und noch vieles mehr bietet das Schamanische Heiltrommeln.

Um all das zu können, braucht man keine umfangreichen Musikkenntnisse von Noten und anderen Dingen, und man muss auch kein Profi-Trommler sein. Natürlich trägt jede musikalische Fähigkeit dazu bei, die Erfahrung des Trommelns zu unterstützen, aber beim Schamanischen Heiltrommeln braucht man allein die Hände und seine Bereitschaft. Dann geschieht alles fast von allein. Die meisten von uns haben enorme musikalische Fähigkeiten, ohne es jedoch zu wissen, entweder weil sie noch nie in ihrem Leben damit in Kontakt gekommen sind oder weil irgendwelche Banausen in ihrem Leben ihnen eingeredet haben, sie seien unmusikalisch. Es ist immer wieder nett, mit anzuschauen, wie verblüfft die Teilnehmer in unseren Seminaren nach ihrem ersten Seminartag sind, wenn es bereits einfach aus ihnen heraustrommelt in einer Qualität, dass man dazu singen, mitschwingen und tanzen kann, und dass sogar mehrere Spieler miteinander harmonieren.

Schamanisches Heiltrommeln kann sowohl denen helfen, die schon mit Trommeln vertraut sind und sich auf Neues einlassen oder tiefere schamanische Aspekte der Trommel kennenlernen wollen, als auch denen, die glauben, dass sie nicht musikalisch begabt seien, es aber gern einmal ausprobieren wollen bzw. schon immer trommeln lernen wollten. Und es ist auch für die Menschen, die einfach mehr Freude und Spaß haben wollen. Besonders geeignet ist das Schamanische Heiltrommeln auch dafür, wieder in Einklang mit sich und der Welt zu kommen und zum inneren Frieden zu finden.

Schamanen gehen davon aus, dass alles, was existiert, beseelt ist. Alles, was um uns herum existiert, seien es Gegenstände, Lebewesen wie Mensch und Tier oder die Natur, sie alle vermitteln uns die Botschaft des Lebens. Sie alle helfen uns dabei, die Welt und Göttlichkeit besser zu begreifen. Der Alltag ist voller Geschenke für Heilung und Glück. Eine schamanische Lebenseinstellung hilft uns dabei, dies zu erkennen. Für einen Schamanen sind alle Phänomene in der Welt, denen man begegnet, wie ein Lehrer, der im irdischen Leben unbegrenzte Möglichkeiten zum Glücklichsein bietet.

Lassen Sie uns gemeinsam herausfinden, welche geheimnisvollen Lehren uns das Schamanische Heiltrommeln bietet. Zunächst wollen wir einen Blick darauf werfen, was für eine Tradition der Schamanismus eigentlich ist.

Schamanismus

Gerade jetzt, zu Beginn des Wassermannzeitalters, wächst das Interesse am Schamanismus und an spirituellen Wegen von Tag zu Tag. Viele Menschen, die bisher mit Spiritualität nichts am Hut hatten, beginnen nun zu erwachen. Scheinbar zufällige Situationen sorgen dafür, dass es ihnen gelingt sich zu öffnen, obwohl sie vorher felsenfest davon überzeugt waren, dass sie sich für „solche" Dinge nie interessieren würden. Auch solche, die einen Heiler-Beruf haben, seien es Ärzte, Heilpraktiker oder Geistheiler, spüren oft, dass es viel Neues zu entdecken gibt. Und manche sind schon auf dem Weg.

Schamanismus ist ein sehr altes spirituelles Erbe der Menschheit. Warum wir nun plötzlich von der ganzen Menschheit sprechen, statt von einzelnen, hängt damit zusammen, dass es überall auf der Welt alte Mythen und Sagen vergangener Kulturen gibt, die alle auf das Gleiche hinauslaufen. In der ganzen Welt gibt es viele verschiedene schamanische Traditionen. Wenn man dort genau hinschaut, gibt es viele Parallelen, obwohl die Länder und Kulturen an ganz verschiedenen Orten der Welt liegen und durch die Natur und Gesellschaft individuell geprägt worden sind. Führt man die spirituellen Wurzeln auf ihre Basis zurück, lässt sich erkennen, dass es überall die gleichen Göttinnen und Götter gibt, die nur unterschiedliche Namen tragen (Namen der Großen Göttin: Freya, Ishtar, Kannon, Dai Marishi Ten, Tara etc.).

Es soll eine Zeit gegeben haben, in der alles anders war, als die Menschen enorme außersinnliche Wahrnehmungs- und Handlungsfähigkeiten besaßen. Eine weitere Gemeinsamkeit ist außerdem die, dass die alten Kulturen mit schamanischem Erbe sich immer auf die Große Göttin, Mutter Erde und eine matriarchale Organisation zurückführen lassen.

Die Länder liegen geographisch an unterschiedlichen Orten, sind von anderen Kulturen geprägt und haben andere Naturverhältnisse. Die Menschen sprechen anders und deshalb werden die Götter anders benannt. Schaut man sich die Geschichte an, stößt man auf ähnliche Sagen und Tugenden. Zweck, Sinn und Umgang damit sind meistens gleich.

Von der Großen Göttin, Mutter Erde, bekommt ein Schamane seine Kraft, Weisheit und Einweihung. Die Große Göttin selbst hat die Kraft, neues Leben in die Welt zu tragen, die Wesen dieser Welt zu heilen, zu trösten und ihnen Geborgenheit zu schenken. Wenn ein Schamane Inspiration und Antworten auf Fragen sucht, geht er in die Natur, wo er der Großen Göttin besonders nahe ist. Mit seiner Frage im Herzen bekommt er auf Kraftplätzen, von Bäumen, Felsen und Gewässern Antworten, die ihn weiterbringen. All die Phänomene in der Natur sind die Lehrmeister der Schamanen, durch die sich die Große Göttin zeigt. Ähnlich verhält es sich mit Ritualgeräten wie Trommeln, Federn, Rasseln und Kristallen, die in hoher Resonanz zur Großen Göttin stehen. Nutzt man sie im Sinne des Schamanismus, wie beispielsweise das Schamanische Heiltrommeln, kann die Große Göttin durch sie wirken.

Der Erfahrungsschatz der Schamanen wird von Generation zu Generation, vom Lehrer zum Schüler, weitergegeben. Wenn man jedoch die alten Mythen und Sagen der unterschiedlichen Kulturen genauer betrachtet, scheint es eine Zeit vor einer großen weltumspannenden Katastrophe gegeben zu haben, wo auf diesem Gebiet erheblich mehr möglich war als heute. Daher ist es wahrscheinlich, dass über die Jahrhunderte, bzw. Jahrtausende längst nicht alles von den Lehrern an ihre Schüler überliefert wurde. Auch kommt es vor, dass eine spirituelle Linie mit der Zeit verwässert, weil nicht jeder Linienträger die Lehre korrekt weitergibt.

Dennoch ist der Schamanismus so lebendig wie unser Atem, weil die Große Göttin jeden unterstützt, der sich ihren Geschenken hingibt. Ein Beispiel dafür ist Mikao Usui, der Gründer des Reiki. Er ist nach jahrelangem Training und Forschen in die Natur gegangen, hat dort die Morgenstern-Meditation durchgeführt, bis er in der 21. Nacht in einer Vision in Reiki eingeweiht wurde. Durch die Hingabe eines Menschen wurde so ein altes Erbe wieder für alle Menschen verfügbar gemacht. Auf diesem Wege können alte schamanische Traditionen sowohl weiterleben, als auch wiederbelebt werden, wenn sie durch welche Gründe auch immer einst verloren gegangen waren.

Da der Schamanismus in all seinen Facetten ein sehr großes Welterbe ist, welches teils überliefert wurde und teils wiederentdeckt wird, ist es kaum möglich, den gesamten Schamanismus zu beschreiben. Selbst wenn dies möglich wäre, gibt es immer noch große Unterschiede zur eigenen Erfahrung.

Obwohl die Menschen in der ganzen Welt unterschiedlich aussehen und ihre eigene Sprache und ihren eigenen Glauben haben, haben sie viele Dinge gemeinsam. Wie sie die Götter ehren, wie sie aus der Natur die passenden Hilfsmittel für Krankheit finden, bestimmte Klänge erzeugen, um mit den Göttern zusammenzuarbeiten. Trotz des großen Abstands zwischen den jeweiligen Ländern gibt es in den schamanischen Traditionen viele Ähnlichkeiten. Das führt zu dem Gedanken: „Es muss einen Ursprung geben, von dem aus die schamanischen Traditionen in der ganzen Welt verbreitet worden sind."

Viele Menschen stellen sich die Frage, wo wir herkommen. Vielleicht kommen wir aus einem Ursprung. Ja, wir haben eine gleiche spirituelle Mutter. Sie ist die Große Göttin der Mutter Erde. Ihre Liebe trägt jeder in seinem Herzen, was bedeutet, dass jeder den Schamanismus im eigenen Herzen trägt, er braucht nur noch entdeckt und ausgelebt werden.

Schamanismus kann jeder lernen. Es ist eine Lebens- und Denkweise, bei der die Natur in allen Lebenslagen mit einbezogen wird. Das Schamanische Heiltrommeln vermittelt den Weg des Schamanen auf leicht verständliche Weise und ermöglicht Erfahrungen ohne jahrelanges mühseliges Training, weil es alle wirksamen Kerninhalte des Schamanismus in sich vereint.

Schamanismus im Alltag

Im Alltag gibt es viele Bezüge zum Schamanismus, auch wenn uns das nicht immer bewusst ist. Zum Beispiel ist die Beschäftigung mit Heilsteinen, Essenzen, Kräutern und Räucherungen alte schamanische Arbeit. All diese Dinge wurden aus dem Schoß von Mutter Erde, der Großen Göttin geschaffen. Sie sind zu den Menschen gekommen, um ihnen zu helfen. Über ihre Wirkungen auf Körper, Geist und Seele schenkt die Göttin uns

Die Reiki-Schriftzeichen

das, was wir brauchen, wenn wir bereit sind, diese Geschenke anzunehmen und damit zu arbeiten.

Jeder Heilstein hat besondere und einzigartige Kräfte und wunderschöne Farben, Formen und heilende Schwingungen. Sie haben eine eigene Geschichte, die sie so einzigartig macht. Je mehr man sich für sie begeistert, umso tiefer ist der Zugang zu Mutter Erde. Das ist ein Geschenk von ihr. Steine sind aus schamanischer Sicht mehr als nur Dekoration und Schmuck. Genauso ist die Trommel im Schamanismus mehr als nur ein Musikinstrument.

Im Schamanismus geht es um die enge Verbindung mit der Natur. Wenn wir sinnvoll mit den Botschaften und Heilwirkungen der Steine umgehen, haben wir die Macht der Natur in unseren Händen, die durch nichts ersetzbar ist.

Neben den Geschenken aus der Erde gibt es sowohl überlieferte als auch neu entdeckte Heilmethoden schamanischen Ursprungs. So gehen die Quellen der japanischen Heilkunst Reiki ebenfalls auf den Schamanismus zurück. Es geht hier um die Heilung mit Energieübertragungen durch die Kraft des Großen Sonnenbuddhas Dainichi Nyorai, die über das Kronenchakra in den Eingeweihten eintritt und über die Hände auf andere übertragen werden kann. Damit das auch so angewandt werden kann, ist neben der Einweihung selbstverständlich eine professionelle Ausbildung im Umgang mit dieser spirituellen Lebensenergie Voraussetzung.

Schamanen erlernen besondere Fähigkeiten, Kranke zu heilen, indem sie den Geist wieder in einen gesunden Zustand bringen. Millionen Menschen auf der ganzen Welt praktizieren Reiki, ohne zu wissen, dass Reiki eine Form der schamanischen Heilung ist. Schaut man sich die Reiki-Schriftzeichen genauer an, wird dies besonders deutlich. Genau genommen beschreiben die Reiki-Zeichen sogar die grundlegende schamanische Arbeit, und wie und warum sie funktioniert.

Die Übersetzung der Reiki-Zeichen beschreibt die Qualität der Energie: „Spirituelle Lebensenergie“. Die Aufschlüsselung der Teilzeichen zeigt, wie schamanische Einweihungen und Energiearbeit funktionieren. Die Reiki-Zeichen kommen aus der chinesischen Kanji-Schrift. Die Kanji wurden in ihrer Urform nicht zur Kommunikation, sondern für Rituale verwendet, wie man es auf alten Ritual-Bronzen deutlich sehen kann. Ursprünglich sind es heilige Symbole für den reinen Ritualgebrauch.

Reiki setzt sich aus den Kanji „rei" und „ki" zusammen. Der oberste Teil des „rei" bedeutet Regen. Das kann man sich daran gut merken, dass in der stilisierten Wolke vier Tropfen sind. Damit hat sich in der Wolke nun schon vom Himmel gesegnetes Wasser manifestiert, das bereit ist, auf die Erde zu fallen. Unter dem Regen gibt es drei Vierecke, welche für drei Münder stehen und gemeinsam „Gebet" bedeuten, weil die drei archetypischen Teilpersönlichkeiten Inneres Kind, Mittleres Selbst und Hohes Selbst dem Göttlichen gegenüber denselben Wunsch äußern. Sie sind in der chinesischen Lehre als die drei Hun-Seelen bekannt.

Darunter gibt es eine Art liegendes „H". Das liegende „H" steht für Arbeit. Die kleinen Zeichen rechts und links darin sind zwei Menschen. Früher gab es landwirtschaftliche Geräte, die eine ähnliche Form hatten. Dabei ist der untere waagerechte Strich die Erde, der senkrechte Strich eine Achse und der obere waagerechte Strich ein Hebelbalken, der von arbeitenden Menschen bewegt wird. Die Zeichen für „Arbeit" und „Mensch" ergeben das Zeichen für „Schamanin".

Zusammengefügt bedeutet dies, dass die Menschen, die auf der Erde arbeiten, Wasser brauchen, damit die Pflanzen gedeihen und wachsen können. Da es aber nicht immer dann regnet, wenn Wasser gebraucht wird, erscheint nun der Schamane auf der Bühne und betet, damit der Himmel den Menschen Regen und günstige Ereignisse schenken möge.

„Regen", „Gebet" und „Schamanin" ergeben das Schriftzeichen „rei", das mit Seele, Spiritualität und spirituellem Geist übersetzt wird. Durch die Arbeit des Schamanen, der zwischen Himmel und Erde kommuniziert, kann zum Beispiel Reis beseelt werden. Um ein Reiskorn zum Leben zu erwecken, ist das vom Himmel gesegnete Wasser und die Kraft von Mutter Erde essentiell. Das führt uns weiter zu dem Schriftzeichen „ki". Es besteht aus den Komponenten (neutrale) „Energie" (Dampf) und „Reiskorn".

Ein einzelnes Reiskorn ist der Samen einer Pflanze, aber nicht die Pflanze selbst. Das Reiskorn wird zu einer Pflanze, wenn die Energie von Mutter Erde und Vater Himmel vereint wird. Das geschieht, sobald der Regen die Energie des Himmels auf die Erde bringt. So kann also erst durch diesen

Akt der Schöpfung aus dem Reiskorn die Pflanze wachsen. „Ki“ bedeutet also Lebensenergie.

Setzt man die Kanji „rei“ und „ki“ nun zusammen, kommt man auf die Übersetzung „spirituelle Lebensenergie“. Dies ist genau die Energie, mit der in schamanischen Ritualen durch die Mitwirkung der Spirits etwas bewegt werden und Heilung stattfinden kann.

Die im Reiki angewandten magischen Symbole als Werkzeuge höherer Energiearbeit, und auch die Reiki-Einweihungen, gehen auf den magischen Daoismus, esoterischen Buddhismus, die japanische Magie Shugendô und den japanischen Schamanismus Shintô zurück. Symbole wie die Reiki-Symbole, Runen oder andere magische Werkzeuge dieser Art werden seit jeher im Schamanismus angewandt und wirken, weil durch sie die Kraft mächtiger Lichtwesen hervorgebracht wird. Sie sind die Schlüssel zu der Kraft dieser Lichtwesen, die durch die Symbole wirken. Auch die Anwendung ist weltweit gleich, nämlich so, dass man nach der Einweihung und Ausbildung das jeweilige Symbol zeichnet, visualisiert und durch dreimaliges Aussprechen des Mantras aktiviert.

An den Ritualgeräten wie Trommel, Rassel und Feder, den Geschenken aus der Natur wie Pflanzen und Steine, sowie den magischen Werkzeugen wie beispielsweise Symbolen, lässt sich bereits jetzt die Vielschichtigkeit und die alltägliche Begegnung mit schamanischer Arbeit erkennen.

Wenn jemand beim Spaziergang eine Feder aufhebt und mit nach Hause nimmt, ist auch dies ein Aspekt des Schamanismus. Die Feder ist dem Element Luft zugeordnet und möchte durch dieses Element gern die Botschaft des Herzens zum Himmelsreich senden. Die Feder ist im Schamanismus ein wichtiges Ritualgerät. Mit ihr kann man beim Räuchern Räume reinigen, oder die Schwingung erhöhen, um Astralreisen zu machen. Die Federn eines Vogels sind selbstverständlich zum Fliegen da. So kann für Astralreisen symbolisch ein gesegnetes Federkleid angelegt werden. Die Feder ist außerdem ein Symbol für die Göttin Freya und Ishtar.

Eine Räucherung besteht aus Heilpflanzen und Kräutern, die besondere Heilwirkungen haben. Sie beinhalten die Botschaft der Natur. Durch den Duft der Räucherung kommen wir in unterschiedliche Stimmungen. So hilft das Räuchern dabei, sich zu entspannen oder sich auf etwas einzulassen. Folgt man mit den Sinnen den Schlieren des Rauches, die sich wie ein

Federn für Räucherrituale

Schlangendrache umherbewegen, kommt man neben dem Dufterlebnis auch über diesen visuellen Effekt in einen mystisch-meditativen Zustand, der die schamanische Fähigkeit des Hellsehens fördert.

Heilkräuter und Essenzen heilen unsere Seele. Die dadurch hervorgerufenen Stimmungen klären unseren Geist, so dass wir es leichter schaffen, in positive Gefühle zu kommen.

Wenn jemand ab und zu für den Raum und für sich selbst zum Zweck der Reinigung räuchert, bedeutet das, dass man die belastenden Dinge und Energien loslassen möchte. Wenn man den Körper und den Geist reinigt, schafft man einen Raum für sich selbst und weiß besser, was man will. Das ist eine gute Voraussetzung, um den spirituellen Wesen besser begegnen zu können. So kann man die inneren Wünsche nach oben schicken.

Räucherrituale mit Federn und Räucherstäbchen

Visionen oder merkwürdige Träume, wie auch seltsame Zufälle, haben oft mit der Führung eines Lichtwesens oder Schutzengels zu tun. Sie möchten uns etwas mitteilen in Form von Bildern, Eindrücken und abstrakten Symbolen. Wenn wir den spirituellen Sinn der Botschaft verstehen lernen, können wir unser Leben immer angenehmer gestalten. Daher ist die Beschäftigung mit spirituellen Konzepten und Symbolen verschiedenster Kulturen sehr sinnvoll.

Wenn man sich rein „zufällig" von einer besonderen Form einer Wurzel fasziniert fühlt und sich darauf einlässt, kann man häufig sehr interessante Entdeckungen machen. Diese plötzliche Anziehungskraft wird durch den Baumgeist ausgelöst, der etwas Wichtiges mitteilen möchte. Wenn man dies entsprechend ritualisiert, indem man einen Altar für den regelmäßigen Kontakt mit den Lichtwesen baut und passende Lichtwesen dorthin einlädt, erlangt man mehr Kraft, Inspiration und Ausstrahlung. Mit einem solchen Altar kann man im eigenen Heim einen Kraftplatz schaffen und diesen mit den großen Kraftplätzen in der Natur vernetzen, so dass man immer Zugang zu allen hat, ohne dass man jedes Mal in den Wald gehen muss. Dies soll natürlich kein Ersatz dafür sein, jedoch ist es einfach etwas Wunderbares, sich mit diesen Kräften zu umgeben.

Die Arbeit mit feinstofflichen Messmethoden, wie etwa mit dem Pendel, zählt ebenfalls zu den Werkzeugen des Schamanismus. Ein Pendel ist eine nützliche Hilfe, die Intuition und Wahrnehmungsfähigkeit zu fördern. Mit einem Pendel geht es in der Regel etwas schneller, die Schwingungen von Pflanzen, Räumen, Chakren oder Gegenständen zu messen, als dies ohne solche Hilfsmittel direkt mit den feinstofflichen Sinnen wahrzunehmen. Dies hängt auch damit zusammen, dass es in der deutschen Sprache keine Begriffe für die feinstoffliche Wahrnehmung gibt. Alles, was wir meinen wahrzunehmen, wird in die Ausdrucksmöglichkeiten der fünf Sinne übersetzt. Wenn wir also meinen, feinstoffliche Energien zu sehen, bedeutet dies, dass zwar der Übersetzungskanal des Sehens aktiv ist, jedoch nicht, dass das, was man da sieht, in der feinstofflichen Welt wirklich so aussieht. Ein anderer hätte vielleicht einen anderen Eindruck, zum Beispiel des Hörens, erlangt. Bevor wir also diese Fähigkeiten durch Ausbildung erlernen und durch Training entwickeln, damit wir die Eindrücke deuten und von Halluzinationen unterscheiden können, verstreicht eine ganze Weile. Daher ist es nützlich, anfänglich mit dem Pendel zu arbeiten, um herauszufinden, welche Schwingungen wo auftauchen. Später und/oder begleitend ist die Schulung der feinstofflichen Wahrnehmung wichtig, wenn man die Pendel-Wahrnehmung verfeinern und mit dem Hellsehen beginnen möchte. Wem die Arbeit mit dem Pendel nicht liegt, der kann auch auf kinesiologische Messmethoden zurückgreifen. Wir nutzen für uns und unsere Schüler immer alle Methoden und suchen genau die heraus, die gerade passen. So gibt es auch bei der Wahrnehmung wieder die unterschiedlichsten Ebenen der schamanischen Arbeit.

Lernt man zu meditieren, kommt man der inneren Ruhe, Ausgeglichenheit und Entspannung mit jeder Meditation näher. Bei regelmäßiger Anwendung werden diese Gemütszustände nach und nach fester Bestandteil des Alltags, auch wenn man gerade nicht aktiv meditiert. Es wird sozusagen eine positive Gewohnheit. Durch die Entspannung und innere Ruhe ist man nicht so blockiert. Das heißt, die feinstofflichen Wahrnehmungen aus der Umgebung und von Lichtwesen können viel besser in das Bewusstsein gelangen. Wir werden offener für das, was in uns und in der Umgebung passiert, man kann sich besser einlassen und im Hier und Jetzt sein, anstelle sich über Vergangenes zu ärgern und sich um die Zukunft zu sorgen. So findet man sich selbst, und man kann sein Leben so gestalten, wie es einem gefällt.

Wenn sich jemand für Trommeln begeistert und von ihrer Musik mitgerissen wird und starke, überwältigende Gefühle bekommt oder unerwartet auf besondere Weise zu tanzen beginnt, kann dies ein Hinweis darauf sein, dass diese Person sich schon einmal, eventuell in einem früheren Leben, damit beschäftigt hat, ohne sich jedoch bewusst daran zu erinnern. Sollte dies der Fall sein, ist das außerdem ein Ruf der Großen Göttin, sich wieder auf seinen spirituellen Weg einzulassen. Inwieweit ein jeder das dann tut, ist ihm natürlich freigestellt.

Somit sind wir, ohne es bewusst zu wissen, in vielen Situationen des Alltags mit dem Schamanismus verbunden. Die schamanische Tradition fließt in unseren Adern. Zwar wurde dieses spirituelle Erbe in den letzten Jahrhunderten durch die Kirchen, durch die Hexenverbrennungen und ähnliche düstere Bräuche enorm eingedämmt, jedoch inkarnieren sich seit einigen Jahrzehnten wieder mehr und mehr spirituelle Menschen, die das Erbe des Schamanismus der Großen Göttin wieder aufleben lassen wollen. So gibt es zur Zeit eine Reihe scheinbar völlig unspiritueller Menschen, die mit solchen Dingen scheinbar nichts am Hut haben wollen. In vielen Fällen würden sie gerne, jedoch sitzt ihnen noch die Angst vor Bestrafung im Nacken, weswegen es ihnen schwerfällt, sich für ihren Weg zu öffnen. Dies ist in der Regel unbewusst. Es gibt viele Kinder, die daher ziemlich unspirituell erzogen werden. Wenn sie zum Beispiel einen Engel sehen, wird ihnen eingeredet, dass es so etwas nicht gibt, oder sie werden dafür bestraft, weil sie nicht so dummes Zeug reden sollen. Dann gehen viele mitgebrachten Fähigkeiten erst einmal wieder verloren. Einige von ihnen haben dann später im Erwachsenenalter das Glück, wieder mit ihrem spirituellen Erbe in Kontakt zu kommen, müssen vieles jedoch durch jahrelanges Training in Seminaren aktivieren und die alten Wunden und Traumata der Kindheit heilen. Sicherlich wird sich das in den nächsten Jahren ändern, weil viele, die den Weg schon gehen, ihre Kinder auf neue spirituelle Weise erziehen. Anstelle gewisse Phänomene wie Hyperaktivität einfach mit Betablockern zu behandeln, damit diese feinfühligen Kinder ruhig gestellt werden, ist die Förderung ihrer enormen feinstofflichen Talente eher sinnvoll. Kinder, die musikalisch talentiert sind, haben dieses Talent meist durch eine Begebenheit im Leben entdeckt. Nun ist es an der Zeit, dieses Talent zu fördern, indem man es dem Kind ermöglicht, entsprechende musikalische Ausbildungen zu genießen. In diesem Bereich ist bekannt, dass das Talent allein nicht reicht, um ein Pianist zu werden. Im spirituellen Bereich ist das ähnlich. Je talentierter jemand ist, desto mehr Ausbildung braucht er, damit er seine Fähigkeiten voll ausleben kann. Wird bei spirituell begabten Kindern nun dieses Talent unterdrückt, werden sie oft hyperaktiv. Anstelle sie mit Medikamenten vollzustopfen, könnte man ihre Talente zu fördern beginnen, damit auch sie ihrem Lebensplan und ihrer Berufung folgen können. Das Schamanische Heiltrommeln und der White Feather Schamanismus zeigen den neuen Kindern, wie Indigokindern, Sternenkindern oder Lichtkindern, den Weg, den eigenen spirituellen Auftrag zu begreifen und leben zu lernen, weil sie sich wieder mit der Großen Göttin verbinden und von ihr genährt werden können.

Um Zugang zu den tiefen Gefilden des Schamanismus und der Großen Göttin zu bekommen, ist es gut, die alten Prägungen und Ängste zu heilen, die in unserer Gesellschaft noch gang und gäbe sind, wie etwa Lustfeindlichkeit und Körperfeindlichkeit. Bei unseren Schülern und Klienten beobachten wir, dass sie, wenn sie dies erkennen und heilen, wieder zur Einheit und Liebe in Verbundenheit mit sich und der Natur finden. Sie finden ihren inneren Frieden, beginnen sich selbst anzunehmen und zu lieben, ihr Selbstwert steigt und ihre Ausstrahlung ändert sich in dem Maße, dass sie immer mehr Situationen und Menschen anziehen, die zu ihnen passen, mit denen sie Glück und Freude erleben können. Denn sie lernen, aus der Liebe zu handeln, statt aus der Angst. Wenn die Liebe die größte Macht der Welt ist, ist es etwas Wunderbares, sich ihr hinzugeben.

Räucherstäbchen und Räucherungen erfreuen sich großer Beliebtheit, sei es, um einfach einen angenehmen Duft zu verbreiten, sei es zur Meditation, Reinigung, Belebung und Energetisierung von Räumen oder für schamanische Rituale und schamanische Geistheilung. Meistens wird ein Räucherwerk eingekauft und angezündet, ohne es vorher zu segnen. Ein gesegnetes Räucherwerk duftet angenehmer und feiner und wirkt tiefgreifender, als wenn es einfach so angezündet wird. Das gleiche gilt für Heilsteine und andere schamanische Hilfsmittel, wenn man sie durch Segnung aktiviert. Die Segnung geschieht immer durch ein Lichtwesen und den, der diese Kraft durch sich leitet (Schamane). So bekommen die gesegneten Objekte neben ihren grundsätzlichen Wirkungen weitere Kräfte von der Göttin und anderen Lichtwesen, je nachdem, wen man um Segen bittet. Mit solch gesegneten Ritualgeräten fällt es viel leichter, den Kontakt zur Göttin und ihren Helfern zu stärken und Zugang zu den spirituellen Welten zu bekommen.

Bei Energieübertragungen mit zum Beispiel Reiki kann man tief greifende Heilungen erzielen, wenn man das dort verborgene schamanische Wissen kennt und anwendet.

Auch die grundlegende Benutzung eines Pendels lässt sich mit dem schamanischen Wissen erweitern. So kann man es über das „Ja" und „Nein" hinaus zur spirituellen Heilung verwenden, indem man etwa eine Schwingungserhöhung in einem Chakra durchführt und Blockaden löst.

Wenn jemand einen Wunsch hat, gibt er diesen oft einfach nach oben ab. Einige dieser Wünsche gehen in Erfüllung, andere jedoch nicht. Durch die Anwendung der grundlegenden schamanischen Arbeit lassen sich so ziemlich alle Wünsche erfüllen, solange sie zum höchsten Besten des Ganzen gewünscht werden. In einfachen Worten ausgedrückt, funktioniert das so:

Spirits aussuchen, die die Wunscherfüllung unterstützen wollen
Sich ein Opfer für die Spirits als Dankeschön überlegen (Räucherwerk, Kerze, Altar, Kekse, Tanzen, Singen, Reiki geben etc.)
Kontakt zu dem Spirit aufbauen, Anliegen und Opfer vorbringen
Danken und verabschieden
Im Alltag alles tun, was möglich ist, damit der Wunsch in Erfüllung geht

Diese Art der Vorgehensweise ist schon ziemlich professionell, weil alle Voraussetzungen für eine faire Wunscherfüllung, wie das Bitten, Opfern und Danken, erfüllt werden.

Der Austausch mit den Wesen in der Umgebung hilft uns dabei, uns selbst zu finden und die Herzen der Wesen in Liebe zusammenzubringen.

Wenn unsere Klienten und Schüler mit uns ein Ritual zur Wunscherfüllung machen wollen, motivieren wir sie außerdem, mit dem Ritual die Bereiche im Geiste zu heilen, die die Veränderung im Leben bzw. die Erfüllung bisher verhindert haben. Hier wird dann nochmal der Zusammenhang zwischen Ritualen und Schamanischer Geistheilung deutlich. Mit dieser Vorgehensweise erfüllt man sich nicht nur Wünsche, sondern hat alle Voraussetzungen geschaffen, mit dem Ergebnis umgehen zu können und langfristig zufrieden zu sein.

Der Ursprung des Schamanismus – die göttliche Liebe

Schamanismus beginnt an einem Lagerfeuer, wo Menschen in guter Absicht zusammenkommen und im Kreis zusammensitzen. Die Menschen nähren das Feuer, indem sie es entzünden (schaffen) und mit Holz nähren. Das Feuer nimmt alles an, ohne es zu bewerten, als sei es reine Liebe, transformiert die Substanz und schenkt den Menschen Wärme, Geborgenheit und Inspiration. Die Menschen, die um das Feuer herumsitzen, tauschen sich gegenseitig aus. Das Feuer nimmt die Botschaften auf, seien es Informationen oder Wünsche, und trägt sie durch die aufsteigende Hitze in den Himmel. Es ist ein heiliges Feuer. Das Leuchten des Feuers erleuchtet unser Herz. Durch das Knistern der Flamme, die Konturen in der Glut, sprechen die Göttin und ihre Engel zu uns. Opfern wir ihr Räucherwerk, kommt ein Dankeschön in Form eines angenehmen Duftes, Botschaften und besonderen Stimmungen zurück.

Engel sind Boten der Götter. Sie kommen ins Feuer und hören die Geschichten der Menschen. An der Wand der Höhle tanzten Schatten in verschiedenen Gestalten auf den Rhythmus des Feuers. Damals waren die Menschen sehr eng mit den spirituellen Wesen verbunden. So hörten sie über das Feuer direkt vom Lichtwesen die Geschichten der Welt und des Universums. Sie wussten Bescheid über die Welt und reisten astral mit ihrem Geist in die verschiedenen Ebenen. Sie trafen die Menschen an anderen Orten der Erde, die Engel und andere Lebewesen in ihren Welten. Diese vom Feuer projizierten Bilder des Lebens sind noch heute in einigen alten Höhlen zu sehen.

Damals wie heute gab es Menschen, die besondere Fähigkeiten hatten. Einige stammen direkt von der Engelswelt und haben sich dafür entschieden, in der Menschenwelt zu leben, weil sie uns so besser helfen können. Sie inkarnieren immer wieder auf die Erde und zeigen uns den Weg der Liebe. Das Wissen, die Liebe und Weisheit der Götter tragen sie mit sich und verbreiten dies in der ganzen Welt. Ihre Seele lebt immer weiter und kann unter uns sein.

Schamanismus ist von Anfang an da, wo die Menschheit beginnt. Die starke Willenskraft, Überlebenskraft und Liebe haben uns bis hierher gebracht. Schamanismus ist eine Sammlung von Erfahrungen der Menschen, die dabei geholfen haben, bis hierher zu kommen. Wir sterben zwar irgendwann, aber unsere Ahnen leben weiter und irgendwann inkarnieren wir wieder, immer wieder hier auf der Erde. Somit leben wir ewig und haben den Ursprung in unserem Herzen.

Im Schamanismus geht es darum, dass jedes Wesen und jedes Ding etwas Besonderes ist, von der Schöpferkraft geschaffen und beseelt. In jedem ist der Lichtfunken der Liebe. Dieser Lichtfunken verbindet alle Wesen der Welt. Es ist die göttliche Liebe in uns. Sogar in einem winzig kleinen Staubkorn kann man diesen Lichtfunken entdecken. Das ist der Anfang, wie die Welt entstanden ist. Eine Wolke aus Gas und Staub formt den Grundkörper der Erde, die immer weiter wächst und wächst.

Dass wir alle verbunden sind und einen gleichen Ursprung haben, kann uns begreifen helfen, antrainierte, störende Gefühle wie Hass, Neid und Eifersucht gegenüber anderen zu heilen. Jede Handlung auf der Basis solcher Gefühle richtet sich gegen uns selbst. Da wir alle aus der Einheit kommen und zu dieser hinstreben, sind solche Gefühle eher kontraproduktiv.

Die göttliche Liebe fließt in unser aller Atem. Wir sind die Tropfen des Wassers der Wellen im Ozean. Dort wollen wir uns alle miteinander wohl fühlen. Wenn an einem Ort Unfriede auftaucht, sind alle betroffen.

Dass alles, was existiert, ein Teil von uns ist, bedeutet, alles, was existiert, lebt und ist belebt. Das Leben entsteht durch die heilige Hochzeit von Gott und Göttin, so wie es auch in den Reiki-Zeichen sichtbar ist. Indem Gott und Göttin zusammenkommen, wird etwas Neues geschaffen, und die Essenz davon ist die Schöpferkraft. Wenn es eine solche gibt, die alles geschaffen hat, stellt sich die Frage, wer die Schöpferkraft denn selbst geschaffen hat. Es gibt nur eine Antwort darauf, und diese kann man in der Natur finden. Die Schöpferkraft schafft sich immer wieder selbst von Neuem, indem Gott und Göttin zusammenkommen und sich miteinander austauschen, so wie die Menschen und Lichtwesen am Lagerfeuer.

Alle Wesen dieser Welt, ob Tiere, Pflanzen, Menschen oder Steine, sind die verschiedenen Erscheinungsformen dieser Kraft. So wird die Welt geschaffen und weiterhin geschaffen werden. Jedes Mal, wenn ein neues Leben entsteht, werden der Gott und die Göttin als spirituelle Vater und Mutter dabei sein, und die Schöpferkraft macht es möglich, neues Leben zu schaffen. Sie ist die ständig wandelnde Lebenskraft des Lebens. Jedes Wesen ist ein Ergebnis dieser Kraft und ein Teil dieser Kraft und wirkt in der großen kosmischen Schöpferkraft mit. Je nachdem, wie wir uns entscheiden zu leben, entscheiden wir täglich selbst, ob wir genießen oder leiden, weil wir ständig Samen für das säen, was kommt.

Diese Kraft macht es möglich, in der materiellen und spirituellen Welt immer wieder neues Leben zu schaffen. Solange es diese Schöpferkraft gibt, geht diese Welt nie zu Ende.

Der Raum, in dem wir uns aufhalten, wird oft als etwas Trennendes empfunden. Genau genommen ist es der Raum, der die Wesen dieser Welt verbindet, weil wir uns alle im gleichen Raum befinden. Die Energien in diesem Raum sind beweglich und schaffen regelmäßig neue Phänomene dieser Welt. Je nachdem, wie wir darüber denken, schafft unser Geist angenehme oder unangenehme Verbindungen. Die Grenze zwischen den Räumen und der Materie ist eine Täuschung des Geistes.

Im Schamanismus geht es darum, dass wir durch Erweiterung des Bewusstseins lernen, dass es in dieser Welt keine Grenzen gibt.

Diese Grenzen im Geiste lassen sich mit den Schlüsseln der Liebe überwinden, aber nicht mit Angst und Gewalt. Die Wände zwischen Räumen oder die Grenzen der Länder können wir zerschlagen und sagen, dass es dort keine Grenze mehr gibt. Aber wie machen wir das mit den Wänden, die zwischen uns entstehen und die manchmal unvorstellbar groß in uns erscheinen? Obwohl wir alle verbunden sind, setzen wir eine Grenze und Wände vor uns, damit wir uns hinter der Mauer sicher fühlen können. Diese Grenze hindert den freien Energiefluss. Der emotionale, gedankliche und körperliche Austausch mit anderen wird so blockiert, was Mangelzustände im Leben verursacht.

Schamanen sind seit jeher die Diplomaten, die zwischen den Menschen untereinander sowie zwischen Menschen und Lichtwesen vermitteln. Sie helfen, die Herzen wieder zu verbinden und zu heilen, wo viel zerbrochen wurde. Daher ist der Schamanismus eng mit der Geistheilung verbunden, wenn man bedenkt, dass die Heilung des Geistes über die Heilung des spirituellen Herzens vonstatten geht. In Japan werden Herz und Geist in einem Wort ausgedrückt: kokoro.

Sobald der emotionale Staudamm bricht und dort wieder lebendige Energien fließen, hat man mehr Platz für die Liebe. Schamanen stellen die Brücken der Liebe wieder her.

Ein beliebtes Werkzeug für den Wiederaufbau solcher Brücken ist das Schamanische Heiltrommeln. Das Trommeln bewegt den Menschen so, dass er tief in seinem Herzen berührt wird. Dabei kommen unterschiedliche Gefühle hoch, die, wenn nötig, geheilt werden können. Somit wendet man sich mehr der Liebe zu. Genauso ist ein Schamane damit beschäftigt, durch Kraftplatzarbeit und Erdheilungsrituale, Brücken zwischen den Menschen und der Natur und den Lichtwesen zu bauen, und öffnet Türen in ihre astralen Welten, um mit ihnen zusammenzuarbeiten.

Von den Lichtwesen und aus der Natur holt ein Schamane sich alle Antworten, die er für das alltägliche Leben braucht. Wenn ein Schamane eine Frage hat, geht er in die Natur zu den Kraftplätzen, an einen Baum, einen Fels oder einen Bach. Dort meditiert er und beobachtet aufmerksam, welch tiefgründige Antwort die Natur ihn zu lehren weiß, weil er dort einen Teil von uns wiederfinden kann, was uns hilft, in Harmonie zu kommen und die Dinge zu vervollständigen.

Die sich wandelnden Mondphasen wirken auf Mensch und Umwelt. Dafür braucht man sich nur Ebbe und Flut anschauen. Dass der Mond ständig seine Form ändert, ist eine optische Täuschung. Der Mond bleibt, wie er ist. Trotzdem reagiert die Natur auf den Mondzyklus, weil dort die komplexe kosmische Anziehungskraft und Wechselkraft mitspielt. Mit bloßen Augen nehmen wir die Welt anders wahr, als sie tatsächlich ist. Wir nehmen die Welt nie als Ganzes, sondern immer nur als einen Teil des Ganzen wahr. Je nachdem, wo unsere Aufmerksamkeit ist, liegt dort der Fokus der Wahrnehmung. Es ist, als leuchtete in der Dunkelheit eine Lampe. Wir sehen nur das, was hell erleuchtet ist. Je nachdem, wie groß die Lampe ist, nehmen wir mehr oder weniger wahr.

Was hat das nun mit Schamanismus zu tun? Nun, wenn wir die Natur beobachten, nehmen wir diese immer anders wahr und finden dort die Antwort des Herzens, was wir gerade brauchen und verstehen können.

Somit können wir die Natur jedes Mal anders erleben, weil wir unterschiedliche Bedürfnisse und innere Fragen haben und uns entwickeln. Das gilt auch für menschliche Beziehungen. Wir können bei unserem Partner immer wieder Neues entdecken. So werden Beziehungen nie langweilig, und wenn wir diese Weisheit erkennen und anwenden, kann es über Jahrzehnte zwischen uns knistern.

Wenn wir den Ursprung des Schamanismus finden möchten, brauchen wir nur die Natur zu beobachten. Sie ist wie ein Licht in unserem Herzen, das genau dahin leuchtet, wo es etwas zu lernen gibt. Was geschieht in der Natur eigentlich? Der Zyklus der Natur zeigt uns, wie die Welt funktioniert.

Im Frühling feiern die Pflanzen ihr neues Leben und kämpfen für ihr Recht auf Leben, indem sie durch den harten Boden zum Licht wachsen. Das Ergebnis sind Früchte, Blumen und grüne Blätter, die uns Nahrung und Sauerstoff schenken.

Dann kommt eine Phase, wo die Blätter welken und braun werden. Nun ist die rechte Zeit, Altes loszulassen, um dann in eine Ruhephase zu gehen, bevor sich der Kreis schließt, um wieder neu zu zu wachsen und zu erblühen. Alle Energien sind nach innen gerichtet und bereiten den Winter vor. Die Energien sind nur auf das Notwendige gerichtet. Dann kommt wieder der Frühling des aktiven Lebens. Niemals widersetzt sich eine Pflanze diesem Zyklus. Das wäre fatal. Wenn ein Baum nach unzähliger Wiederholung dieses Zyklus alt wird, bewundern wir seine Schönheit besonders. Nach hundert Jahren strahlt er umso mehr seine reife Schönheit und die Stärke aus, weil er es geschafft hat, immer wieder die Dinge loszulassen, die keine aktuelle Bedeutung mehr für ihn hatten, um dann wieder neu zu wachsen.

Das ist wohl auch der Grund, warum Bäume keine Muskelverspannungen haben, wie wir Menschen. Je mehr Ballast man mit sich herumträgt und sich immer mehr davon aufhalst, ohne ihn loszulassen, desto größer ist das Gewicht auf den Schultern und desto beschwerlicher wird der Weg des Lebens. Eines Tages wird auch der Baum sich vom irdischen Leben verabschieden, und sein Körper wird die Nahrung für die nächste Generation der Natur sein. So schafft er neuen Platz und Nahrung für neue Bäume und lebt in seinen Nachfahren weiter.

Jedes Ende ist ein Anfang, und jeder Anfang ist ein Ende. So gibt es jederzeit die Möglichkeit und Chance, Altes loszulassen und neu anzufangen. Die Welt ist voller Wandlungen des Zyklus zwischen Ende und Anfang. Alles lebt. Sogar ein großer Felsen und die Erde ändern die Form. Das ist ein unendlicher Prozess des Wandels.

Ein Baby kommt zur Welt und lernt viele Dinge, die fürs Leben wichtig sind. Es blüht immer auf, während es viele freudvolle Dinge im Leben erlebt. Das stärkt die Lebenskraft und fördert Wachstum im Geist und Körper. Wenn das Kind groß wird, kann die körperliche Schönheit für ihn oder sie eine große Rolle spielen. Junge und frische grüne Blätter im Frühling sind aufregend schön. Wollen wir deswegen immer jung bleiben? Dann verpassen wir es, die innere Reife der Schönheit während des Alterungsprozesses zu erkennen.

Schamanische Persönlichkeitsentwicklung

Die oben beschriebenen Phänomene und Zyklen der Natur helfen enorm bei der persönlichen Entwicklung und der Kultivierung innerer Schönheit, die sich über den eigenen Körper und das Erleben dieser Welt ausdrücken und manifestieren kann. Was ist die innere Schönheit? Wo sollen wir den Wert legen für das glückliche Leben? Dabei hilft ein Rückblick in die Vergangenheit:

Wie bin ich bis jetzt hierher gekommen?

War der Weg eher glatt und einfach zu laufen, oder gab es viele Hügel, Kluften und Berge, wo ich sehr viel Kraft verbraucht habe, um sie zu bezwingen?

Wie viele Dinge habe ich in meinem Leben erlebt?

- Welche Erfahrungen haben mein Leben schöner gemacht, und welche haben mich stark gemacht?
- Welche Entscheidungen, die ich getroffen habe, hätte ich anders fällen können?
- Wenn ich eine andere Wahl getroffen hätte, wie hätte mein Leben ausgesehen?
- Was hat sich in meinem Leben verbessert, wenn ich das Heute mit vor zehn Jahren vergleiche?
- Welche Träume hatte ich in meiner Kindheit, und welche wurden verwirklicht und welche stehen noch aus?
- Habe ich meine einzigartige Art und meine Talente ausgelebt, oder habe ich versucht so zu werden, wie es andere mir gesagt oder aufgetragen haben?
- Ist alles in meinem Leben passiert und komme ich langsam in einen Ruhezustand?
- Was war die größte Entscheidung, die ich getroffen habe, die sehr viel Mut und Kraft gekostet hat?
- Was würde ich auf jeden Fall anders machen? Kann ich das jetzt irgendwie nachholen, und gibt es die Möglichkeit, das zu realisieren?
- Wie zufrieden bin ich mit den Dingen, die in meinem Leben geschehen sind?
- Was erwartet mich in meinem Leben noch? Muss etwas Dramatisches passieren, damit mein Leben viel besser aussehen kann? Oder lebe ich einfach so weiter wie bisher?
- Was müsste ich tun, damit ich nach einem Jahr zu dem jetzigen Ich sagen könnte, „Das hast du sehr gut gelebt. Das hast du sehr gut gemacht!“?

Die innere Schönheit kommt aus den Erfahrungen, die uns helfen, mit inneren Augen die schöne Seite des Lebens zu entdecken. Was ist mir wichtig, ein natürliches und zufriedenes Lachen aus vollem Herzen, das andere auch in diese freudevolle Stimmung bringt, oder ein perfekt aussehendes Gesicht mit einem etwas künstlich wirkenden Lachen, nur um zu zeigen, das man nett ist?

Ein glückliches Lachen strahlt in den ganzen Raum und in unsere Herzen. Es ist schön, wenn etwas in unserem Herzen berührt wird und sich freut!

Habe ich liebevolle Blicke, die Wärme und Geborgenheit ausstrahlen? Habe ich den Mut, zu dem zu stehen, was ich für richtig halte? Handle ich aus Angst oder aus Selbstbewusstsein und Liebe? Habe ich viele wertvolle Erfahrungen gemacht, die mir Weisheit über das Leben schenken? Habe ich genügend glückliche Momente erlebt, die mir Hoffnung geben, besonders in einer schwierigen Zeit? Kann ich berührende und Mut gebende Worte an andere weitergeben? Wie stark ist mein Mitgefühl? Bin ich bereit, mein eigenes Leben zu riskieren, um anderen zu helfen?

Je mehr Erfahrungen ich habe, desto schöner, stärker und weiser macht mich das.

Äußere Schönheit ist vergänglich und stärkt nur das Ego, die soziale Maske, aber nicht die Seele. Wenn man sein Glück sucht, indem man auf äußere Dinge Wert legt, merkt man bald, dass es, wenn man das hat, was man wollte, nicht das ist, was wirklich glücklich macht. Nicht das teuerste Hotel im Urlaub macht uns glücklich, sondern die menschliche Wärme und Zärtlichkeit. Das ist die wärmste Heizung für unser Herz. Was nutzt es, die teuerste Heizungsanlage mit Hightech und romantischem Kamin zu haben, wenn ich es mit niemandem teilen kann? Wenn man auf äußere Dinge Wert legt, dann muss es immer größer, teurer, schneller und auffallender sein, was ohne Ende so weiter geht. Man bläst immer mehr Luft in den Luftballon, bis er irgendwann platzt.

Wie ist es mit Liebe? Gibt es eine ewige Liebe? Es gibt so viele Paare, die auseinander gehen, die aber die ewige Liebe spürten. Die Vorstellung und Erwartung, dass es eine bestimmte oder eine einzige Person gibt, die nur mich und für immer liebt und damit bin ich glücklich, ist irreal. Aber es gibt einen Menschen in der Welt, der einen selbst glücklich macht – und das ist man selbst.

Liebe zu einer Person kann sich ändern, aber an der Tatsache, dass man einmal so geliebt hat und dies das Leben erfüllter gemacht hat, ändert sich nichts.

Liebe kann sich ändern, und zwar kann sie immer wachsen. Wenn man gelernt hat, wie man lieben lernt. Persönlichkeitsentwicklung spielt dabei eine große Rolle. Wichtig ist, dass man Liebe nicht mit anderen Dingen verwechselt, von denen man glaubt, dass sie Liebe seien. Je mehr falsche Erwartungen man davon hat, wie ein perfekter Partner sich verhalten soll, wenn man „wirklich" liebt, desto größer wird die Enttäuschung. Liebe ist, die Menschen so zu akzeptieren, wie sie sind, ohne Forderung, Regel, Bedingung.

Liebe ist Überfluss ohne Isolation.

Es ändert sich alles in unserem Leben. Nichts ist so, wie es einmal war. Und das ist gut so, weil das Leben sonst langweilig wird. Manche haben Angst, wenn sich etwas in uns ändert und die Umgebung sich ändert. Es ist wichtig, das zu akzeptieren und das Beste daraus zu machen. Einfach mitschwimmen im Fluss des Lebens und sich auf etwas Neues freuen, das man noch nicht erlebt hat, anstelle auf einer kleinen Insel zu leben und dort alles festzuhalten, obwohl man weiß, dass es bei der nächsten Flut verloren geht.

Anstelle davor Angst zu haben, älter zu werden, ist es viel konstruktiver, das Leben in jedem Moment zu genießen. Wie die Schlange sich häutet und dabei immer wieder ihre Schönheit zeigt, sollten wir lernen zu erkennen, welche alten Dinge loszulassen sind, damit man wieder neu anfangen und die innere Schönheit stärker entdecken kann.

Angst vor dem Altwerden oder dem Tod hat meistens damit zu tun, dass man das Gefühl hat, die Dinge nicht ausgelebt und nicht richtig gelebt zu haben. Manch einer hat den Eindruck, das Leben nicht so zu leben, wie er es gern hätte. Es ist sehr schade, dass die Zeit so schnell vorbeigeht. Wenn man den Augenblick nicht genießt, dann ist es logisch, dass man sich verloren fühlt. Man hat das Gefühl, etwas verpasst zu haben. Vielleicht sollte ich dies und jenes probieren, wovon ich immer geträumt habe?

Warum sehen wir so unterschiedlich jung und alt aus, wenn wir auch im selben Alter sind? Es hängt davon ab, wie wir gelebt haben. Viele Menschen bewundern Madonna für ihr Engagement und ihre tollen Auftritte, so dass man sich kaum vorstellen kann, dass sie über 50 Jahre alt ist. Woher hat sie diese Kraft?

Sie ist ein sehr kreativer und selbstbewusster Mensch, der immer wieder Neues ausprobiert und seine Berufung voll auslebt. Mit 25 oder 30 denken manche Menschen, dass sie zu alt sind, dies und jenes zu machen, und berauben sich ihrer Flexibilität. Als wir sehr jung waren, durften wir dies und jenes nicht machen. Man musste warten, bis man ein bestimmtes Alter erreicht hatte, und wir wollten schnell erwachsen werden. Ein Erwachsener muss ständig gucken, was andere über ihn denken, ob man ein „richtige Erwachsener“ ist, und schränkt sich so durch sein Verhalten und unerfüllte Wünsche ein.

Wenn jemand im hohen Alter immer jung und gelassen aussehen möchte, sollte er immer viele freudvolle Dinge im Leben machen, ohne darüber nachzudenken, was andere darüber denken.

In Korea sagt man, wenn jemand 40 ist, dann kann sein Gesicht alles über sein Leben verraten. Tiefe Falten zwischen den Augenbrauen zeigen uns, dass die Person viel Ärger im Leben erlebt hat. Ärger von außen und innen. Dicke und unbewegliche Gesichtszüge zeigen, dass die Person wenig Zeit hatte zu lachen.

Mache ich genügend Dinge, die mir Freude bereiten? Was könnte ich noch tun, um mehr Freude am Leben zu haben? Wer über 40 ist, denkt über das Leben mehr nach als davor. Alt werden hat einen Vorteil, nämlich den, dass man das Leben mehr schätzt. Ideal ist es, diesen Gedanken ziemlich früh zu haben. Ansonsten hat man Nachholbedarf, weil man etwas nicht genug gemacht hat. Wenn Ihnen etwas einfällt, das Sie früher hätten tun können, dann tun Sie es bitte jetzt!

Weil wir ein zeitlich begrenztes Leben haben, engagieren wir uns in dieser Zeit möglichst effektiv, um das Leben zu begreifen.

Wenn wir ewig lebten, würden wir uns dann Mühe geben, etwas aus dem Leben zu machen, und würden wir die kostbare Zeit schätzen?

Manchmal ärgert uns die eine oder andere Falte. Wenn der Baum älter wird, bekommt er jedes Jahr auch eine Falte. Wird es eine weniger, wenn der Baum sich ärgert? Wohl eher nicht. Bei uns werden es aber noch mehr, weil wir den natürlichen Rhythmus der göttlichen Ordnung nicht akzeptieren können. Wir haben heutzutage viele Pläne, die bis zu einer bestimmten Zeit erreicht werden sollen, und wir versuchen, alles in der rechten Zeit zu machen. Wir rennen ständig von Plan zu Plan und von Ziel zu Ziel. Bis zu einem gewissen Alter muss man dies und jenes erreicht haben oder besitzen. Oder ein Ziel muss erreicht werden, bis dahin darf man nicht krank sein. Ein Ehepaar diskutiert, wann es nach langer Pause endlich wieder Sex haben sollte. Obwohl die Frau die Nähe ihres Geliebten jetzt dringend bräuchte, wird das nicht als das Wichtigste eingestuft und sie bleibt in der Einsamkeit zurück.

Alles planen wir und dabei vergessen wir, was wir eigentlich möchten. Manchmal kommen echte Bedürfnisse hoch, aber diese werden unterdrückt, weil sie das Erreichen des Ziels verzögern könnten. Manche kämpfen für etwas, was dem Sinn und Lauf des Lebens widerspricht. Sie fühlen sich hilflos, glauben versagt zu haben und sind durcheinander, wenn die Zeitplanung vom natürlichen Lauf des Lebens verändert wird. Und was gibt es zu tun? Sich Zeit nehmen, in sich und in der Umwelt zu spüren, was eigentlich vor sich geht. Jeden Moment des Seins genießen, als sei es der letzte Tag. Dann wird das Leben schöner als je zuvor.

Alt werden ist etwas Schönes, wenn man den Sinn des Altwerdens erkennt. Gegen äußerliches Altwerden kann man fast nichts tun, weil dies dem natürlichen Lebensprozess entspricht. Man kann aber möglichst jung und gesund aussehen in einem hohen Alter, wenn man seinen Geist jung und frisch hält. Ein junger Geist ist wie ein Baby, das lernt zu laufen, das mit Neugierde den ersten Schritt erlernt. Alt werden äußerlich, aber immer jung bleiben mit einem frischen und neugierigen Geist!

Alte Dinge weise mit einem jungen Geist nutzen, der neugierig durch die Welt geht. Erneuerung und Frühling in uns finden statt, wenn wir uns auf den natürlichen Rhythmus des Lebens einlassen und die Dinge loslassen, um das Leben immer wieder zu erneuern. Dann sind wir im Geist immer jung, weil wir immer etwas Neues lernen. Wir kommen sowieso wieder in diese Welt, und dann können wir wieder das Leben als Baby anfangen. Deswegen sollten wir ein gutes Karma aufbauen, um es im nächsten Leben einfacher zu haben. Je freudvoller ich das Leben genieße, desto freudvoller wird die nächste Zeit im Leben.

Natürlich hat man auch Angst, die schönen Dinge, die man hat, zu verlieren. Endlich hat man das geschafft, wovon man sein Leben lang geträumt hat, und möchte dies für immer haben. Dies deutet auf Defizite hin, obwohl von außen alles perfekt aussieht.

Wenn man ein Haus hat, das mit wertvollen Dingen schön eingerichtet ist, sich einen teuren Urlaub gönnen kann, in einem Job arbeitet, wo man ein regelmäßiges Einkommen hat und sich dies und jenes leisten kann, Gesundheit, damit man manchmal Abenteuer erleben kann, einen Geliebten, der Liebe und Zärtlichkeit schenkt ... Wenn man all das hat, sollte es einem eigentlich an nichts fehlen und wir sollten jeden Tag glücklich sein. Sind wir das? Warum kommen Zweifel in uns auf?

Vielleicht gibt es noch irgendetwas, das uns fehlt, was wir aber nicht beachtet haben. Was fehlt uns? Welche Bedürfnisse habe ich im Moment?

Wie achte ich darauf, dass diese erfüllt werden? Wie wichtig ist mir das? Wie spontan reagiere ich auf meine Bedürfnisse? Was möchte ich in meinem Leben? Habe ich alles, was ich brauche? Was will ich denn noch? Ich schaffe viele Dinge um mich herum. Es dreht sich alles um mich herum. Ich bin draußen. Ich will das Innere meines Seins erfahren. Ich will mich, will mein Herz spüren.

Der Ursprung des Schamanismus lebt im Herzen eines jeden. Dort ist etwas ganz Großartiges verborgen. Es ist schön herauszufinden, was ich in mir habe. Ich gehe zu meiner Wurzel. Dort finde ich, was meine Stärke ist. Schamanische Geistheilung führt uns zum Urgrund unseres Seins.

Vom Schamanismus zur eigenen Magie

Begibt man sich auf den schamanischen Weg, mit Einweihungen und Ausbildung, lernt man im White Feather Schamanismus zunächst die wirkungsvollsten Kerntechniken spiritueller Energiearbeit, Weltmodelle, Orakel, Wahrnehmungsmethoden und spirituelle Konzepte, um die Botschaften aus der feinstofflichen Welt sinnvoll deuten zu können. Auf dieser Basis geht man dazu über, sich sowohl hier als auch in Astralwelten weiterzubilden und nutzt diese für die schamanische Geistheilung. So kann man die Ausbildung für die eigene persönliche Heilung und Entwicklung nutzen und auch für andere. Zunächst wendet man alles so an, wie man es gelernt hat. Später beginnt man die Module aus den erlernten Bereichen kreativ miteinander zu kombinieren. Dabei können sich mitunter ganz neue Möglichkeiten auftun, weil bei der kreativen Arbeit das fünfte Hauptchakra sehr aktiv ist, was ebenfalls für die Medialität, d.h. den Kontakt mit Lichtwesen zuständig ist. Diese kommen dann gerne bei einer Heilung zu Hilfe oder übernehmen teilweise den Redefluss. Die Kunst ist es also, immer wieder auf neue Weise die bekannten Dinge anzuwenden, so wie ein Baum immer wieder neue Blätter wachsen lässt, die sich zwar alle ähneln, jedoch ganz verschieden und individuell sind. Beschränkt man sich nur auf festgelegte Techniken, geht einiges vom eigentlichen Schamanismus verloren.

Gelingt es, diese Kreativität in den Alltag zu integrieren, zu verstehen, wann der richtige Zeitpunkt wofür ist, kann man sein Leben schon sehr angenehm gestalten und anderen helfen, ebenfalls auf diese Stufe zu kommen. Doch das ist nicht alles, was möglich ist.

Auf einer noch höheren Entwicklungsstufe geht es im White Feather Schamanismus darum, die eigene Magie zu entdecken. Die Voraussetzung dafür, dies zu können, ist die oben beschriebene Grundausbildung und ein Lehrer, der durch Einweihung die Tür zur eigenen Magie öffnet. Damit der Schüler nun diese Welt nutzen kann, ist einerseits seine eigene Mitarbeit notwendig, indem er regelmäßig dorthin geht und sich neuen Herausforderungen stellt. Der menschliche Lehrer nimmt von nun an die Rolle ein, immer wieder neue Konzepte über das Leben und die Funktionsweise der Welt zu lehren, damit der Schüler, der zu diesem Zeitpunkt oft schon ein großartiger Schamane ist, die eigene Magie in seiner Welt und alles, was ihm dort begegnet, noch besser begreifen und nutzen kann. Zwar kann man in dieser astralen Welt ebenfalls von den Lichtwesen lernen, jedoch wird man an vielen Dingen einfach vorübergehen und sie nicht als etwas Wichtiges erkennen, wenn die Konzepte dazu nicht angelegt sind. Je tiefer der Schüler sich also auf die spirituelle Lehrer-Schüler-Beziehung einlässt, umso genialer sind die Entwicklungsmöglichkeiten, die sich ihm in seiner eigenen magischen Welt eröffnen. Dies ist ein wunderschöner und gleichzeitig spannender Weg. Zu beachten ist dabei nur, dass man das, was man oben erlebt, auch in die materielle Welt bringt und umgekehrt, damit man einerseits nicht zu sehr abhebt und andererseits das Leben hier und die Welt verschönert. Auf diesem Wege haben die Schamanen gemeinsam mit der Großen Göttin und den Lichtwesen die Möglichkeit, ein neues goldenes Zeitalter zu schaffen.

Schamanismus – Der Weg zur Selbstfindung

Schamanisches Heiltrommeln

Reite auf dem weißen Sand des Trommelfells
Öffne die Welle des Ozeans in deinem Herzen
Es kommen viele Helfer zu dir
Dich auf der wunderschönen Reise in die Welt der Liebe zu begleiten
Auf atemberaubende Rhythmen schwingend
Weht der Wind durch dein Haar
Immer leichter wird dein Körper wie die rauschenden Klänge
Wo wird dieser Wind mich tragen?
Mutter Erde, hörst du meinen Herzschlag?
Endlich komme ich zu dir
Halte mich
Ich brauche deine Geborgenheit
Komm zu mir, mein Engel!
Die Welt ist offen für dein Herz
Deine Trommel habe ich gehört
Ruhe hier in meinem Schoß
Bis du dich wieder findest
Tanze mit mir, meine Göttin
Mein Lachen erreicht den Himmel
Rollender Donner rollt meine Ängste weg
Lebensspendender Blitz schlägt den Schatten meines Herzens
So komme ich zu meinem Herzen zurück

(Gedicht von Junghee Jang)

Wir hören manchmal verschiedene innere Stimmen in uns. Eine sagt „Ja", die andere sagt „Nein". Was ist davon denn eigentlich richtig für mich? Ist das das Richtige für mich? Welche Stimme ist wirklich von mir? Wir beschäftigen uns viel damit. Soll ich das tun, oder lieber doch nicht? Es geht weniger darum, was gut und was nicht gut ist, sondern was ich will.

Manch innere Stimme kommt einem sehr bekannt vor, wir haben sie irgendwo schon einmal gehört. Von unseren Eltern oder anderen Menschen, die auf uns Einfluss hatten. Die Stimme ist so tief in uns verankert, dass wir nicht mehr wissen, von wem sie stammt. Wir haben noch immer Angst, etwas Falsches zu machen und von unseren Eltern und Lehrern bestraft zu werden.

Diese Stimmen hindern uns daran, unseren eigenen Lebensweg zu gehen. Stattdessen folgen wir manchmal dem Weg der Eltern oder einer Gesellschaft. Wir verhalten uns genauso wie sie, obwohl wir uns gesagt haben, dass wir nie so werden. Die Prägungen und Glaubenssätze, die bestimmte unbewusste Verhaltensmuster auslösen, sollten wir uns bewusst machen, ansonsten leben wir das Leben unserer Eltern, das nicht dem eigenen Lebensweg entspricht, einfach weiter. Es gibt natürlich gute Dinge, die wir geerbt haben und die uns helfen und das Leben leichter machen. Vieles, von dem man glaubt, dass es richtig und natürlich sei, sind antrainierte Glaubenssätze, die uns so lange eingeredet wurden, bis wir anfingen, daran zu glauben. Hier folgen einige Beispiele:

Erst die Arbeit und dann das Vergnügen.

Man muss hart arbeiten.

Es ist sehr wichtig, die Dinge zu besitzen, damit ich zeigen kann, was ich erreicht habe.

Ich bin ein schlechter Mensch.

Die Eltern müssen ihr Leben für ihre Kinder opfern.

Kinder müssen gehorsam sein.

Wenn ich sauer bin, habe ich das Recht, an meinen Kindern die Wut abzulassen, weil ich für sie hart arbeite.

Erschreckend diese Sätze, oder? Leider gibt es viele Menschen, die bewusst oder unbewusst so denken und handeln. Ob so ein Glaubenssatz für jemanden gilt, lässt sich mit dem kinesiologischen Armtest feststellen. Sollte so ein Glaubenssatz zutreffen, ist es wichtig, ihn zu heilen, weil er immer wiederkehrende Probleme und Situationen im Leben anzieht.

Kinder und Haustiere übernehmen gern die Verantwortung für das, was in der Familie passiert. Ihr Wunsch nach Harmonie und Frieden ist sehr stark. Wenn im Haus viel Streit ist, machen sie sich Gedanken darüber, warum das so ist. Sie glauben, dass ihre Eltern wegen ihnen streiten und dass sie dafür schuldig sind. Dann entstehen tiefgründige Schuldgefühle.

Sie können gar nichts für die Verbesserung der Situation tun. Sie fühlen sich machtlos und bilden sich ein, sie seien nutzlos und schlechte Menschen. Diese unbewussten Schuldgefühle begleiten einen ein Leben lang, woraus wieder neue Glaubenssätze entstehen.

Wenn Kinder oder Haustiere irgendein gesundheitliches oder psychisches Problem haben, ist die Ursache meistens bei den Eltern zu suchen und sollte dort behandeln werden, weil die Probleme der Eltern sich bei den Kindern spiegeln. Hat ein Kind gelernt, seinen Eltern streng zu gehorchen und immer „Ja" zu sagen, fällt es diesem Kind auch schwer, „Nein" zu sagen, wenn es wirklich sein muss. Dies wird auf andere Situationen und Personen übertragen. Wenn also jemand anderes bei dem Kind über die Grenzen geht, wird das Nein-Sagen schwerfallen, und oft geht das mit einem Gefühl der Ohnmacht einher. Wenn ein Kind vom Verhalten der Eltern gelernt hat, Lust zu unterdrücken, weil das tabu und schlecht ist, dann wird das Kind sich bis ins Erwachsenenalter entsprechend verhalten. Wenn die Kinder erlebt haben, dass ihre Eltern sich ständig streiten, glauben sie, eine Ehe und eine enge Beziehung seien etwas Stressiges und bekommen Näheängste. Wenn das Kind groß wird und eine Partnerschaft hat, dann geht das Spiel, das es in seinem Leben gesehen hat, weiter. Beim Streiten geht es nur um Macht und darum, wer Recht hat. Wie man sich wieder versöhnen kann, hat das Kind nicht gelernt, so dass es nicht weiß, wie man sich besser verhält.

Wenn ein Kind ständig gehört hat, dass aus ihm nichts wird, dann fällt es ihm schwer, im Leben Erfolg zu haben. Solch ein Kind wird dann oft unentwegt hart arbeiten, aber nur um zu beweisen, dass die Eltern Unrecht hatten. So etwas nennt man „eine psychische Besetzung familiären Ursprungs".

Je nachdem, was man in der Kindheit lernt, beeinflusst das das Leben im Erwachsenenalter. Meist fällt es schwer, diese Dinge zu ändern. Manchmal entstehen Probleme auch in einem früheren Leben, dann kann eine schamanische Rückführung nützlich sein, um dieses Trauma und Karma zu heilen.

Dies ist nicht nur für das Aufräumen gut, sondern auch, um etwas wieder aufzubauen. Wir werden unzählige Male wiedergeboren, doch können wir uns ohne spezielles Training nicht an vorherige Leben erinnern. Ist es dennoch möglich, kann man die alten Möglichkeiten und das alte Wissen nicht immer sofort nutzen, da sich die Zeiten geändert haben. Die schamanische Geistheilung kann dabei helfen, in die verschiedenen Welten, Vergangenheit, Gegenwart und Zukunft zu gehen, dortige Probleme oder Neigungen zu Problemen zu heilen und dann schließlich Altes wieder hier verfügbar zu machen.

Der Schamanismus hilft, die eigenen Wurzeln wiederzufinden, damit wir nicht orientierungslos hin- und herzuschwanken brauchen. Dieser Weg hat uns geholfen, in unsere Kraft zu kommen, vielen liebevollen Menschen zu begegnen und schwierige Situationen im Leben besser zu bewältigen. Wir sind gern auf diesem Weg, weil wir immer wieder neue Dinge erleben, uns für etwas begeistern und uns daran erfreuen. Wir kombinieren kreativ die unendlichen Quellen alten Wissens angepasst an die heutige Zeit.

Viele wertvolle Erfahrungen im Ausland haben unseren Horizont erweitert und unser Verständnis für die Welt und für uns geöffnet. Zunächst erscheint alles wie ein Puzzle im Anfangsstadium, doch nach und nach werden die Formen erkennbar und alles findet seinen Platz.

Seit ich hier in Deutschland, weit entfernt von meiner koreanischen Heimat lebe, komme ich meinen Wurzeln immer näher. Die Selbstfindung ist ein aufregendes Abenteuer.

In Korea gibt es besondere Schamanen, deren Berufung es ist, die wertvollsten und seltensten Ginseng-Wurzeln Koreas im Urwald zu finden. Man könnte denken, dass sich jeder einfach danach auf die Suche machen könnte. So einfach ist das jedoch nicht, da man die Pflanzen mit dieser besonderen Heilkraft nur im Rahmen von schamanischen Ritualen unter der Voraussetzung eines reinen Herzens finden kann. Der Schamane ehrt den Wald und bringt Opferungen für den Wald, und während er schläft, träumt er in der Nacht von einem bestimmten Ort, wenn der Hüter des Waldes die Zeit für rechtens erachtet. Nun geht der Schamane los und lässt sich von seiner Intuition führen, bis er diesen Ort gefunden hat. Dieser Prozess dauert meist mehrere Tage bis Wochen.

Die Heilwirkung des wilden Gingseng ist tausendfach stärker als die von gezüchtetem Gingseng. Hinter diesem sind schon seit uralter Zeit Könige und Adelige in China und Japan und Korea her, weil es die heilsamste Pflanze für ein langes Leben in Asien ist. Sogar für ewiges Leben. Inzwischen wissen wir, dass diese Wurzel zwar in der Natur gesucht werden kann, weil die Natur den Weg zeigt, dass sie allerdings nicht dort, sondern nur im eigenen Herzen gefunden werden kann. So finden wir hier in Deutschland auf unserem Weg als Schamanen nun mehr und mehr unsere Wurzeln. Durch Visionen und gemeinsame Arbeit mit den Lichtwesen entdecken wir viele heilsame Fähigkeiten in und für uns und für andere.

Viele, die an ihren eigenen Fähigkeiten zweifeln, suchen Heilung im Außen. Sie lassen sich von äußeren Reizen beeindrucken und lenken von sich selbst ab. Sie sind überall, aber nicht bei sich.

Wenn man einfach die Augen schließt und beobachtet, welche Gedanken im Kopf umherschweben, ist das manchmal sehr interessant: Ereignisse, Ideen, Pläne, Phantasien. Unser Geist produziert so viele Gedanken und Bilder, fast ununterbrochen. Das ist ein gutes Zeichen, denn das bedeutet, dass wir schöpferisch sind. Aus den Gedanken und Ideen sind die Dinge entstanden, die um uns herum materiell sichtbar sind. Es ist ein schöpferischer Vorgang des Menschen, wenn Gedanken und Ideen in die Tat umgesetzt werden. Einige Dinge, die in der Vergangenheit passiert sind und über die wir nachdenken, grübeln und uns ärgern, bringen gar nichts Konstruktives. Sie produzieren ein Gefühl der Unzufriedenheit, das unseren Gemütszustand negativ beeinflusst.

Es fällt uns schwer, einen bestimmten Vorgang eines Gedankens zu steuern. So, dass man sagen kann, „ich möchte Pause und nichts besonderes denken, ich will Ruhe." Und dann kommt wieder ein Gedanke nach dem anderen. Wenn wir wach sind, ist ein Teil des Gehirns aktiv, der ununterbrochen arbeitet und neue Dinge produziert. Wenn wir entspannt sind, dann ist ein anderer Teil des Gehirns aktiv, so dass man sich immer tiefer entspannen kann und sich vom normalen Wahrnehmungsbereich in den Trancebereich hineinbegeben kann. Da ist es nicht mehr bewusst, sondern unterbewusst. Hier ist ein Bereich, wo man sich besser selbst finden kann. Diese Erfahrung integriert man bewusst im Leben. Dieses Schalten und Abschalten nennt man „Meditation". In der Meditation ruht die Fabrik der Gedanken im Gehirn und es geschieht nichts. Es ist Ruhe, Entspannung. Da geht es darum, eine höhere Bewusstseinsebene zu schaffen. Dafür schaffen wir Klarheit. So klar wie Bergkristall, man kann durch alles hindurchschauen. Der Geist ist von vielen Erfahrungen und Informationen belastet, so dass man leicht benebelt ist. Durch Meditation schaffen wir Klarheit und Struktur. Dann nehmen wir uns und die Welt klar wahr. Wenn man die Meditation zu einer Gewohnheit macht, dann hilft sie in einer Stresssituation mühelos runterzukommen und sich zu entspannen.

Schamanische Meditationen sind meistens mit einer Einweihung verbunden, so dass man während der Übung eine starke Unterstützung von den entsprechenden Lichtwesen bekommen und schneller zu den gewünschten Ergebnissen kommen kann als mit herkömmlichen Meditationsmethoden. Die Lichtwesen sind ja dafür da, um den Menschen zu helfen.

Mit Hilfe von schamanischer Geistheilung und schamanischen Energieübertragungen lernt man den eigenen Körper und Geist besser kennen, wie sie funktionieren und was sie brauchen, Verständnis und Einsicht über die Dinge zu bekommen und den spirituellen Sinn zu verstehen. Das bringt einen manchmal so weit, dass man zwar nach einer Behandlung nicht mehr weiß, wo man gewesen ist, sich aber danach total fit fühlt, oder man kann weiterhin den passiven Yin-Zustand genießen. Dabei braucht man nichts tun, einfach nur daliegen, und die Welt funktioniert trotzdem wunderbar, auch wenn man kurz nicht aktiv daran teilnimmt.

Oder man hat ein zufriedenes Gefühl und Harmonie in sich, was so selten ist. Oder man kann ohne Schmerzen wieder laufen. All dies bringt einen zu sich selbst. Der Körper fühlt sich anders an als sonst. Das hilft, die Welt auch anders wahrzunehmen als sonst. Das Weiche und die Glücksgefühle spürt man ganz intensiv. Es gibt so viele positive Gefühle, die man selten erlebt.

Viele schamanische Werkzeuge helfen uns, den Alltag besser zu bewältigen und dort die spirituelle Begegnung stattfinden zu lassen.

Einheit mit der Natur

Die Vielseitigkeit und Schönheit der Natur schenkt uns viele kostbare Augenblicke, die uns von einer Welt zur anderen fliegen lassen. In ihr können wir unsere Sinne beleben und zur Ruhe kommen. Durch die Beobachtung der Natur kann man mehr über sich selbst erfahren.

In Einheit mit der Natur sein heißt, man hat das Gefühl, dass die Dinge, die vorher außerhalb und um einen herum waren, in einem selbst auftauchen. Die Welt wird als Teil eines expandierten Ichs erfahren.

Manchmal sind dies Erfahrungen eines Augenblicks. Gibt man sich immer wieder diesen Momenten hin, kann man sich im Einklang mit der Natur regenerieren und erfrischen. Begegnet man der Natur noch dazu schamanisch, d.h. lässt man sich von den Spirits führen und belehren, kann man tief mystische Erfahrungen sammeln.

Vor dem heiligen Feuer

Als ich mich bei einer Schwitzhütte als Feuerfrau um das heilige Feuer in jener Nacht kümmerte, wo Millionen Sterne genauso funkelten wie die tanzend zum Himmel steigenden Funken des Feuers, blieb die Zeit für einen Augenblick stehen. Es war knapp ein Atemzug, wo die kleinen Funken freudvoll auflebten und in der Dunkelheit verschwanden und ihre Freunde ihnen nachtanzten. Ich tanzte mit und bewunderte ihre Schönheit. Von den atemberaubenden Formen, Farben und rhythmischen Bewegungen fühlte ich mich magisch angezogen. Meine Augen funkelten genau wie sie. Im ganzen Körper funkelten alle Zellen vor Freude und tanzten. Ich folgte den Funken und verschwand in der Ferne, genau wie sie. Wie lange ich wohl da gewesen war und wo es war, weiß ich nicht mehr. Es blieb nur noch der Rest der Gefühle, die mich vor Erfüllung lachen ließen. Das war ein leidenschaftliches Feuerwerk. Das Leben ist voller Augenblicke solcher Schönheit.

Im Geborgenheit spendenden Wasser

Warmes und salziges Wasser schwebt sanft hin und her. Die rauschende Welle ist hypnotisierend. Das Wasser massiert mit seinen klaren Händen meinen ganzen Körper. Ich fühle mich geborgen und getragen. Ich muss nichts tun und brauche einfach nur da zu sein.

Wasser dringt durch meine Haut und ich habe das Gefühl, ich sei das Wasser. Zwischen uns gibt es keine Trennung. Da höre ich eine Stimme: „Sei willkommen, mein Kind. Ruh dich aus. Es ist für alles gesorgt. Fühl dich wohl und genieße.“

Es ist eine Stimme, die in meinem Herzen schwingt. Sie ist einerseits von ganz weit weg, erklingt aber im Herzen. Jemand schützt mich und gibt mir Geborgenheit. Ich bin von der Göttin der Mutter Erde getragen. Ich muss nicht alles alleine schaffen.

Die Bäume, die spirituellen Freunde

Ich ruhte auf dem Rücken, im warmen feuchten Moos, nach einem bezaubernden Schamanischen Heiltrommeln. Da flogen ein paar Schmetterlinge vorbei. Zwischen satt grünen Blättern schien das Sonnenlicht glänzend. Nur der Wind und das Flüstern der Blätter war zu hören. Die Bäume schauten auf mich herab und beobachteten mich. Stark auf der Erde stehende Bäume gaben mir etwas, das mich stark machte. Ich stand auf und befestigte meine Füße immer stärker am Boden. Da fühlte ich mich wie ein Baum. Ich wuchs und wuchs bis zur Höhe des Baumes und flog von einem Baum zum nächsten Baum.

Es machte viel Spaß, so viele Freunde um mich zu haben und mit ihnen zu spielen. So wirkten die Bäume sehr vertrauensvoll und nah, wie Freunde.

Plötzlich rieselte ein leichter Regenschauer herab und trommelte auf die Blätter, auf die Stirn und Hände. Der frische Geruch der Erde und Pflanzen ließ mich in eine tiefe Entspannung versinken. Der Baum schenkte mir die Weisheit, wie man zum Licht wachsen kann.

Einheit mit den Menschen

Der Austausch von Gefühlsenergien mit den Wesen in unserer Umgebung gibt uns Geborgenheit und Wärme. Wenn wir uns für die Gefühlsenergien von anderen öffnen, fangen unsere Gefühle an zu leben und es findet viel Heilung in uns statt. Dies wiederum bereichert die Seele von anderen und es wächst Verständnis, Mitgefühl, Liebe und Gemeinschaftssinn. Gefühle sind die Nahrung für die Seele. Wie die Luft zum Atmen. Ohne sie können wir nicht leben.

Wenn dieser Austausch aber beschränkt wird, entstehen Missverständnisse, Unsicherheit, Angst, Neid, Krankheit und viele Hemmnisse. Damit wir in Harmonie und Liebe leben können, ist es sinnvoll, erst die eigenen Gefühle wahrzunehmen und anzunehmen. Dann kann man die eigenen Gefühle liebevoll und aufrichtig anderen zeigen. Dadurch bekommen andere die Möglichkeit, auch sich selber besser wahrzunehmen und den liebevollen Umgang zu erwidern. Nun wollen wir von einem der Geheimnisse sprechen, wie Schamanen dazu beitragen, dass die Menschen untereinander zur Einheit kommen:

Gemeinsame Meditation

Während einer langen gemeinsamen Meditation baut sich ein spirituelles Feld zwischen den Meditierenden auf. Der Raum befindet sich nicht mehr nur um uns herum, sondern auch in uns. Die Luft wird von Energie immer erfüllter und dichter, als ob man sie mit den Händen anfassen könnte. Energieströme fließen wie der Rauch der Räucherstäbchen durch die Wände und durch den Körper. Dies verbindet die Menschen im Raum. Die Augen öffnen sich und die friedvolle Stille lässt uns in dieser einheitlichen Stimmung bleiben. Ohne Blicke oder Worte auszutauschen weiß jeder, dass der andere das Gleiche spürt.

Alle Schleier und Masken fallen herab, und es bleibt ein Lachen. Dann fängt man vom Bauch an, wie ein plötzlich erscheinender Donner, zu lachen, ohne irgendeinen Grund. Vor Lachen fließen sogar Tränen. Ich bin einfach da. Die Stimmung des freudvollen Lachens bringt anderen Menschen genauso Freude.

Spirituelle Erotik

Die funkelnden Augen des Geliebten sind unheimlich schön, so dass man in diesen wunderschönen See hineinschwimmen möchte. Immer stärker wird die magische Anziehungskraft in den liebenden Blicken. Es ist ein unwiderstehlicher Moment. Im magischen Radius des Blicks gefangen verliert man sich selbst. Der Körper wird elektrisiert und beginnt zu vibrieren und zu zucken. Der Körper formt und bewegt sich wie eine Welle. Die Welle der Leidenschaft.

Dann ist es wie in einer Sommernacht unter den Sternen. Sie wirken wie eine Heimat, nach der man sich sehnt. Wo es einfach schön ist. Die

Freude des Wiedersehens öffnet die Welle des Ozeans. Glücklich kann ich mich dort ausruhen, bis ich mich wieder finde.

Ein tiefes und großes Gefühl steigt durch die Wirbelsäule. Das Herz zieht sich zusammen und öffnet sich. Ich spüre mein Herz, das mit liebevollen Energien erfüllt ist. Ein fröhliches Lachen breitet sich im ganzen Gesicht aus. Ich mache nichts und trotzdem bin ich sehr glücklich, ohne irgendeinen Wunsch. Ich habe nichts zu befürchten, wenn ich hier sterbe.

Jede Berührung bringt das Eis zum Schmelzen. Es ist, als würden tausend Schmetterlinge im ganzen Körper ein Feuerwerk machen. Während des Austauschs von heißem Atem und Schweiß gibt es keine Grenze mehr zwischen den beiden gleitenden Häuten. Die Gefühle überfluten uns, wie der Ozean den Meeresgrund. Der stark kribbelnde, elektrisierende Strom durchzittert den ganzen Körper und schwebt hinauf. Es kommen Gedanken: „Oh, wie wunderschön ist das, diesen Körper zu haben.“ Plötzliche Zuckungen lassen die blockierten Energien frei und der Körper lebt.

Er entspannt sich immer tiefer und tiefer, aber der Höhepunkt der Gefühle steigt immer höher und höher.

Plötzlich ist es dunkel. Lichter funkeln inmitten des Wundersamen. Nichts geschieht. Auf dem Höhepunkt der Gefühle ist alle Welt ausgeschaltet. Dann vergeht die Zeit. Und es kommt die Frage: „Wo war ich denn?“ Es hinterlässt tiefe Gefühle der Zufriedenheit, Ruhe und starke Verbundenheit mit meinem Partner.

Lust bringt uns dazu, intensiv zu spüren. Die Wärme, Nähe und zärtliche Berührung lösen alle Unzufriedenheit auf. Im ganzen Körper strömt Frieden und Harmonie. Es gibt keine Sorgen mehr. Nur entspanntes Dasein. Ein Zustand der Einheit von Körper, Geist und Seele.

Aus diesem Glücksgefühl heraus möchte man die ganze Welt umarmen, so dass die Menschen von dieser Glückseeligkeit erfüllt werden und den Frieden in sich und um sich suchen.

Einheit mit den Göttern

Die höchste Stufe einer spirituellen Meditation ist, dass man die Welt aus der göttlichen Perspektive wahrnimmt und diese Erfahrung für das Wohlergehen aller Wesen nutzt. Götter präsentieren die pure Liebe des Lichtes. Dieses Licht kann manchmal sehr schmerzhaft wirken, wenn die Schattenseiten, die man nicht anschauen will, ans Tageslicht kommen. Dass man dabei die Dinge so wahrnehmen und akzeptieren kann, wie sie sind, bedarf ein wenig persönlicher Entwicklung. Damit man weiß, wie man mit neurotischen Störungen, Störgefühlen, Gewohnheiten, Glaubenssätzen und inneren Konflikten konstruktiv umgehen kann. Unter der Begleitung eines spirituellen Lehrers kann man viele spirituelle Erfahrungen sammeln. Diese Erfahrungen helfen, den Alltag glücklicher zu gestalten.

Götter- und Engelsmeditationen, wie Drei-Strahlen-Meditation (DSM), Reiki-Symbole-Meditation, Dainichi Nyorai Kido oder mit Einweihungen weitergegebene Meditationen unterstützen die Einheit mit den Göttern.

In der DSM geht es darum, auf einen Brennpunkt zu meditieren, der aus den Urkräften des Weiblichen (Göttin), des Männlichen (Gott) und

Dainichi Nyorai Kido Meditation mit der Mudra der Weisheit (chiken-in)

der Schöpferkraft entsteht. Dieser Brennpunkt erleuchtet den Geist hell und hilft dabei zu verstehen, wie die Welt funktioniert. Wenn man die puren Liebesenergien vom Gott und von der Göttin auf die angenehme Art und Weise erleben möchte, ohne mit seinen eigenen Schattenseiten frontal konfrontiert werden zu müssen, ist die DSM eine wunderschöne Meditation. Sie ist eine gute Ergänzung zum Schamanischen Heiltrommeln, da dort der Brennpunkt die Trommel ist und diese energetisch mit dem Herz verbunden ist, weshalb in dieser Kombination die Erleuchtung des Herzens gefördert wird.

Es gibt Symbole und Mantren, die die Erscheinung eines oder mehrerer Engel symbolisieren. Wenn man in diese Symbole und Mantren eingeweiht ist, bekommt man einen sicheren und schnellen Zugang zu den Engeln und Göttern. Damit ist es möglich, von Engeln Schutz, Hilfe und Führung zu bekommen. Sie können ebenfalls beim Trommeln direkt über den Klang erscheinen und durch ihn wirken.

Während der Meditation fühlt sich das Herz so weit offen an wie die ganze Welt. Starke Liebe und Mitgefühl werden durch Tränen herausgebracht. Wenn auf dem See kein Wind mehr weht, dann erreicht die Seele die tiefsten Bereiche des Seins. Die Erkenntnis, dass ich in Liebe bin und dies das einzige Mittel für die Heilung und den Frieden der Welt ist, führt zu einer Isolation von der Welt und Verschmelzung mit der Welt.

Bei den Einweihungen wird seit jeher eine Verbindung zwischen Menschen und Göttern hergestellt. Dabei leitet das Medium (Schamane) die Botschaft und Kraft von der Großen Göttin und ihren Engeln mit Hilfe der Engel zum Empfänger. Durch diese initiative Entzündung ist der Eingeweihte befähigt, besondere Kräfte zu übertragen und das Materielle mit dem Spirituellen zu verbinden.

Im Kanal von Göttern fließen unmessbare Energieströme, die durch den ganzen Körper strömen. Das ist ein vollkommenes Sein im Hier und Jetzt. Wenn man nicht aufpasst, bekommt man ein unrealistisches Zeitgefühl. Bei einem kurzen Augenzwinkern können nicht nur ein paar Sekunden, sondern auch ein paar Minuten oder sogar eine ganze Stunde vergehen.

Als wir zum ersten Mal ein Rainbow-Reiki-Seminar gaben, passierte uns etwas Seltsames. Nach der letzten Einweihung merkten wir, dass sehr viel Bewegung in uns hochkam. Das Herz fühlte sich ganz besonders an. Wir konnten unser Herz so wahrnehmen, wie es ist. Es war wie ein Moment der Neugeburt. Wir spürten die Anwesenheit der Götter und Engel, die wir für die Einweihung gerufen hatten, im Raum und im Herzen. Sie nahmen die Einsamkeit und Traurigkeit weg. Da spürten wir: „Ich bin nicht allein." Bald merkten wir, dass unser Herz immer freier wurde und sich erleichtert anfühlte. Ein wohliges Gefühl der Geborgenheit wickelte sich um uns herum, wickelte uns in eine seidenweiche Lichtdecke ein. Wir fühlten uns zu Hause, unsere Sehnsucht nach der wahren Heimat findet dort ihren Platz. Ein erlösendes Weinen kam immer wieder, wie die Wellen des Ozeans. Wunderschön ist das, zu dienen, die Botschaft der Liebe zu verbreiten und zu wissen, dass man dabei nicht alleine ist. Wir bekommen so viel Unterstützung.

Schamanen und ihre Fähigkeiten

Schamanen besitzen die übernatürlichen Kräfte, Kranke zu heilen, Rituale für Götter durchzuführen, Verstorbene ins Licht zu schicken und in die Unter- und Oberwelt zu reisen.

In einigen Kulturen werden Schamanen von den Göttern ausgewählt, oder die Fähigkeit wird von Generation zu Generation als Familienerbe weitergegeben. In anderen Kulturen können die Menschen von sich aus diese Fähigkeit erwerben. Eines haben beide Wege gemeinsam, nämlich dass die Lernenden mehrere Jahre unter der Leitung eines spirituellen Lehrers auf ihre individuelle Art mit dem archetypischen heilenden Lebensprinzip der Mutter Erde verbunden werden. Dabei lernen die Schüler ihre Grenzen kennen und werden mit den eigenen wichtigen Lebensthemen konfrontiert. Umfangreiche Heilkunst mit Kräutern, Heil-Trance, Klangheilung, Naturmagie, Energieübertragung und Rituale helfen den Lehrlingen, in Frieden und Harmonie zu kommen.

Auf mehreren tausend Jahren Erfahrung basierendes Wissen und Geheimnisse der Natur sind die Basis der individuellen, spontanen und kreativen Heilungen. Die seelsorgerische Lebenshilfe der Schamanen schenkt den Menschen neue Hoffnung.

Die vier Stufen der Entwicklung des Schamanischen Heiltrommelns

Das Schamanische Heiltrommeln wird durch die Zusammenarbeit mit der Göttin der Mutter Erde einzigartig. Wir rufen sie an und bitten sie um ihre Unterstützung, damit sie uns bei der Erfüllung unserer Wünsche hilft.

Bitten Sie die Göttin um Schutz, Heilung, Hilfe und Führung, um Ihre Trommelfähigkeit zu stärken und die Erfahrung zum Besten des Ganzen wirken zu lassen. Nun wollen wir mit den ersten praktischen Übungen an der Trommel einsteigen.

Aktivieren Sie Ihre Trommel mit dem Kraftlied: „Hey loa key loa mana holo".[2] Halten Sie, während Sie dieses Lied neun oder besser noch elf Mal singen, Ihre Trommel zwischen den Händen.[3] Bedanken Sie sich bei der Göttin, indem Sie die Hände in die Gassho-Haltung bringen. Legen Sie die Hände dafür vor dem Herzen zusammen und achten Sie darauf, dass die Fingerspitzen sich auf der Höhe des fünften Chakras (Kehlgrube) befinden: „Liebe Große Göttin, ich danke dir, dass du diese Trommel geschaffen hast, um den Menschen zu helfen, ihren Weg zum Glück, zu Gesundheit und Liebe zu finden. Ich bitte dich um Hilfe, Führung und Schutz." Sagen Sie zu Ihrer Trommel: „Liebe Trommel, danke, dass du zu mir gekommen bist, mir zu helfen, die natürlichen Rhythmen des Herzens zu lernen, damit ich immer mehr und mehr zu mir finden kann." Verbeugen Sie sich und spüren Sie den Segen.

[2] Um die Melodie zu erfahren, rufen Sie uns einfach an oder kommen Sie einmal vorbei. Wir singen es Ihnen gerne vor.

[3] Die Erfahrung hat gezeigt, dass die Wirkung besonders gut ist, wenn man solch nummerologisch magische Zahlen verwendet. Im White Feather Schamanismus wird die neunmalige Wiederholung zur Aktivierung verwendet. Wünscht man eine gesteigerte Wirkung, wiederholt man es elfmal.

So, nun sind Sie bereit für eine wunderschöne Klangreise in das Schamanische Heiltrommel-Reich. 1000 Klänge begleiten Sie für eine sichere und entspannte Reise. Selbstverständlich können Sie gleich zu der Übungsanleitung gehen, jedoch empfehlen wir Ihnen, vorab das ganze Kapitel zu lesen, um sicher, entspannt und freudvoll die Reise genießen zu können.

Stufe 1. „1000 Klänge"

Haben Sie schon einmal mit den Händen auf den Tisch geklopft, Melodien gesungen, während Sie mit etwas beschäftigt waren, oder mit den Füßen rhythmisch gestampft? Oder mit dem Kopf hin und her genickt? Waren Sie schon einmal in der Disko und haben, als Ihr Lieblingslied kam, das pulsierende und aufregende Gefühl in sich gespürt, das Sie auf die Tanzfläche losstürmen lässt?

Wenn ja, dann heißt das, dass in Ihnen ein „Innerer Trommler" schlummert.

Wenn es einen solchen Inneren Trommler gibt, dann denken Sie vielleicht, Sie müssten schon ein guter Trommler sein? Oder sind Sie anderer Meinung? Woran mag das liegen?

Haben Sie vielleicht ein komisches Gefühl dabei, ob vielleicht jemand guckt, was Sie da machen, und gleich wieder aufgehört, in den Rhythmen mitzuschwingen, als Sie das bemerkt haben? Warten Sie immer solange hinter der Tanzfläche, bis andere kommen?

Haben Sie schon einmal zu hören bekommen, dass Sie nicht musikalisch sind, obwohl Sie nicht wie der erfolgreiche Musiker die Zeit und Unterstützung hatten, es zu werden? Vielleicht waren die Lehrer nicht in der Lage, sich kreativ auf den Unterricht mit Ihnen einzustimmen.

Jetzt können Sie etwas anderes erleben! Ihnen fehlt nur die richtige Art, die Ihre Talente unterstützt. Talente haben Sie schon in Ihrem Herzen. Hören Sie das? Bumba bumba bum bum …

Wir unterstützen Ihren Inneren Trommler, damit er endlich, ohne Schamgefühl und Angst davor, als Versager abgestempelt zu werden, seine wahren Fähigkeiten aktiv ausleben kann.

Die Klänge der Trommel kennenlernen

Die Trommel bietet unbegrenzte Klänge. Jeder Bereich der Trommel klingt anders, und diese verschiedenen Bereiche können wiederum durch unterschiedliche Anschlagdynamik variieren. Somit entstehen immer wieder neue Rhythmen. Ihre Aufgabe ist es, möglichst viele davon herauszufinden. Je mehr Sie über Ihre Trommel Bescheid wissen, desto besser entwickeln sich Ihre Trommelfähigkeiten. Probieren Sie zunächst einfach, verschiedene Orte der Trommel zu betasten, zu schlagen, zu berühren und zu streichen. Probieren Sie dies mit einzelnen Fingern, der ganzen Handfläche oder einem Teil der Hände, und achten Sie darauf, wie sich das jeweils anders anhört.

Im Anschluss ist es sinnvoll, viele einfache Rhythmen zu üben, bis Ihre Finger, Hände und der ganze Körper diese integriert hat. Grundrhythmen sind die Bausteine, die später für kommende Stufen des individuellen und kreativen Schamanischen Heiltrommlers notwendig sind. So ist es auch auf den höheren Stufen wichtig, immer wieder neue Grundrhythmen zu üben. Jeder Rhythmus ist wie ein Tor in eine neue Welt.

Vor der Übung

Je entspannter man ist, desto kreativer und schöpferischer kann man mit den Dingen umgehen, weil im entspannten Zustand die Leitung zum Inneren Trommler sowie zur spirituellen Welt der Lichtwesen frei ist. Am liebsten möchten Sie jetzt gleich trommeln. Das können Sie auch gern machen. Hier ist eine Möglichkeit beschrieben, wie Sie dafür sorgen können, langfristig mit der Trommel Spaß zu haben.

Entspannungsübung zur Lockerung des Körpers

Setzen Sie sich auf einen Stuhl und halten Sie die Hände mit einem Abstand von ca. 10 cm vor den Bauch, als hielten sie dort einen Ball.

Atmen Sie tief dorthin ein und aus und beobachten Sie Ihren natürlichen Atemfluss.

Öffnen Sie beim nächsten Einatmen Ihren rechten Arm so weit zur Seite, wie es Ihnen angenehm ist.

Schauen Sie dabei Ihre Fingerspitzen an und halten Sie einen Augenblick inne.

Bringen Sie beim Ausatmen den Arm über die linke Schulter und schauen Sie Ihre Finger an.

Bleiben Sie einen kurzen Moment dort.

Öffnen Sie beim Einatmen wieder den rechten Arm zur Seite und bringen Sie, während Sie ausatmen, die Hand vor den Bauch.

Bleiben Sie dort einige Atemzüge und öffnen Sie beim nächsten Einatmen den linken Arm zur Seite und machen die gleiche Übung für die andere Seite.

Wiederholen Sie dies für jede Seite mindestens drei Mal.

Klatschen Sie ein paar Mal in die Hände, um die Blutzirkulation in den Händen zu fördern. Tauchen Sie die Hände in eine mit warmem Wasser, mit gut duftendem Öl gefüllte Schale. Wenn die Hände warm geworden sind, trocknen Sie sie und riechen den Duft.

Atmen Sie eine Weile in Ihr Hara (zwei Fingerbreit unterhalb des Bauchnabels) und beobachten Sie den Atemfluss.

Dann ist es soweit ...

Wie man die Trommel richtig schlägt

Ki-Schlag

Es ist wichtig, darauf zu achten, dass man beim Trommeln nicht viel Muskelkraft gebraucht. Auch mit zierlichen Händen und Armen kann man sehr kraftvoll trommeln. Die Kraft soll aus dem Hara kommen, wo die Lebensenergie (japanisch: *ki*) gesammelt wird. Lenken Sie während des Trommelns die Achtsamkeit immer dorthin. Wenn es einmal nicht so klingt, wie Sie es sich wünschen, wird es besser, wenn Sie ins Hara atmen.

Ein lockeres Handgelenk ist ebenfalls eine gute Voraussetzung für einen natürlichen und sanft klingenden Ton. Je mehr man trommelt und immer wieder darauf achtet, wie man die Handgelenke unter anderem durch das Atmen in das Hara weiter entspannen kann, umso lockerer werden die Handgelenke mit der Zeit. Das bedeutet, dass man immer weniger Kraft benötigt und auf Wunsch immer schnellere Rhythmen spielen kann.

Machen Sie vor dem Trommeln die folgende Übung. Sie hilft Ihnen, ohne sonderlich große Muskelkraft einfach natürlich zu trommeln.

Stellen Sie sich vor, dass es in Ihrem Bauchbereich einen kraftvollen Wasserfall gibt, der eine spiralförmige Flussrichtung bildet und sich von dort aus im ganzen Körper verteilt. Öffnen Sie die Arme zur Seite und stellen Sie sich dabei vor, dass dieses Wasser aus Ihren Händen herauskommt. Ein Wasserfall sprudelt aus Ihrem Bauch, durch Ihr Herz, Ihre Schultern, Arme und schließlich aus den Händen.

Halten Sie diese Vorstellung, während Sie trommeln.

Bass

Bereich für den Bassschlag

Der Bass wird in der Mitte der Trommel erzeugt und klingt wie der Donner, tief und schwer. Der Bass der Trommel steht in Resonanz zum Herzen und kann eine tiefe Berührung verursachen. Dieser Klang ist lang anhaltend.

Der Klang wird generell unterschiedlich sein, je nachdem, wie die Trommel gespannt ist, wie dick das Trommelfell und wie groß der Trommeldurchmesser ist. Die afrikanische Djembe macht einen besonders deutlichen und klaren Basston. Finden Sie heraus, wo und wie Sie den schönsten Ton herausholen können.

Der folgende Tipp hilft Ihnen dabei, den richtigen Ton zu erzeugen.

Beim Trommeln bewegen sich die Hände wie ein Ball, der vom Boden zurückspringt

Haben Sie schon einmal mit einem Ball gespielt, der immer wieder vom Boden zurückspringt?

Merken Sie sich diese Handbewegung und bewegen Sie die Hände so, als sei dort ein Ball. Am besten beginnen Sie, indem Sie den Arm bis auf Schulterhöhe anheben. Lassen Sie den Arm so locker, dass Hand und Arm

Armbewegung und Handhaltung beim Bassschlag

einen Bogen bilden, die Hand klappt am Handgelenk natürlich nach unten und die Finger deuten somit in Richtung Trommel. Wenn Sie nun die Hand bewegen, begradigen Sie Arm und Hand vom Handgelenk aus, so dass Finger, Hand und Arm nun eine Linie bilden, wenn Sie die Trommel berühren. Wenn die Hände wieder nach oben gehen, wechseln Sie wieder in diesen gebogenen Zustand, wo die Hand mit den Fingern herunterhängt und die Bewegung von Neuem beginnt. Machen Sie diese Bewegung am Anfang so langsam wie möglich, und werden Sie danach immer schneller. Atmen Sie ein, wenn Sie mit dem Arm hochgehen, und atmen Sie aus, wenn Sie den Arm herabschnellen lassen.

Wenn Sie dies genug gemacht haben, wiederholen Sie die Übung auf dem Trommelfell. Der Arm ist geöffnet und dabei leicht angewinkelt, so als würden Sie einen Vollmond im Arm halten. Bleiben Sie möglichst in dieser Form. Oder stellen Sie sich vor, dass Sie einen recht großen Baum umarmen.

Wenn Sie die Mitte der Trommel schlagen, berühren hauptsächlich die Handteller die Trommel. Lassen Sie die Hände sofort nach dem Fellkontakt zurückfedern, wie beim Ballspiel.

Wenn Ihre Hände auf dem Trommelfell haften bleiben, kann das Fell nicht frei ausschwingen. Sie können aber ausprobieren, wie das ist.

3

4

Klingt der Klang in der Mitte dumpf oder wie ein Patsch bzw. Brr, kann dies daran liegen, dass das Fell zu locker gespannt ist. Ist die Spannung des Fells jedoch richtig, kann es sein, dass Sie zu viel Kraft und Spannung benutzen. Lassen Sie sodann die Schulter und die Arme ganz locker und probieren Sie es noch einmal.

Schließen Sie die Augen und nehmen Sie sich etwas Zeit, um zu spüren, ob Ihr Körper irgendwo verspannt ist. Spüren Sie, ob mehrere Bereiche, wie Kopf, Schultern und Rücken verspannt sind, oder nur ein Bereich. Oder sind Sie ziemlich locker?

Trommeln kann Ihnen helfen, die Verspannung wegzutrommeln, um wieder in einen entspannten Zustand zu gelangen.

Probieren Sie, während Sie ausatmen, alle Last aus Ihren Schultern loszulassen, indem Sie die Schultern sinken lassen. Hören Sie oft verschiedene Trommelmusik und schwingen Sie Ihren Körper auf Ihre Rhythmen ein und tanzen Sie dazu.

Randschlag

Experimentieren Sie, wie es klingt, nur den Rand der Trommel zu spielen

Beim Randschlag wird der Rand der Trommel bespielt. Der Randschlag klingt höher und heller als der Basston. Es klingt wie Vogelgezwitscher und Regentropfen. Um einen klaren Klang zu bekommen, ist es wichtig, richtig den Rand zu treffen, wo das Fell mit den Schnüren am Holz befestigt ist. Oft geht das nackte Leder hier in Fell über. Das ist eine gute Sache, weil die Kante dadurch weicher wird und das Trommeln viel angenehmer ist, wenn Teile der Hand mit dem Rand und den Schnüren in Kontakt kommen. Wenn man ohne Fell zu lange auf den harten Bereich schlägt, kann es irgendwann weh tun.

Beim Randschlag macht es Spaß, viele Klangvariationen zu entdecken.

Am Rand seitlich schlagen überwiegend die Zeigefinger und die Mittelfinger. Die anderen Finger fallen leicht schräg auf den Trommelrand. Hierbei bleiben die Hände direkt über der Trommel, um schnell weitertrommeln zu können. Probieren Sie, mit unterschiedlicher Höhe zu trommeln. Je niedriger die Hände über der Trommel schweben, desto schneller kann man trommeln.

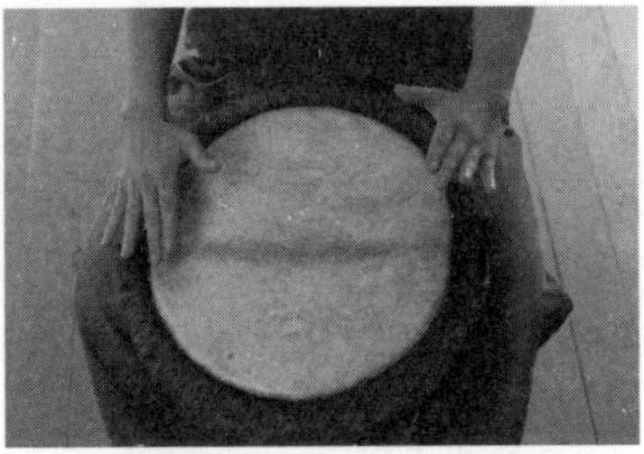

Randschlag seitlich

Am vorderen Rand kann man einen schlagartig schnellen und kraftvollen Ton erzeugen. Das klingt, wie wenn ein Dinosaurier läuft und alles auf dem Boden zu beben beginnt.

Dabei schlägt man mit dem gesamten Fingeransatz auf den Rand der Trommel, also mit dem festen Bereich zwischen Handteller und Fingern. Damit macht man die Füße eines Dinosauriers nach. Dieser Schlag kommt aus dem Handgelenk und ist sehr dynamisch. Kraft braucht man daher nicht. Die Hand nur kurz, aber stark und betont, auf das Trommelfell auftreffen und dann nachklingen lassen. Spüren Sie dabei auch die Vibration auf dem Boden.

Randschlag vorne

Wenn Sie einen akzentuierten und betonten Ton erzeugen möchten, setzen Sie nur drei Viertel der Finger am Rande auf. Das heißt, trommeln Sie mehr am Rand, als wenn Sie Dinosaurierfüße machen. Dabei macht es besonders Spaß, Akzente zu setzen. Wenn Sie die Finger sodann auf dem Trommelfell lassen, verstummt der Ton wieder. Wenn Sie die Fingerspitzen leicht zurückspringen lassen, während der Rest der Finger weiter den Trommelrand berührt, entsteht ein Halleffekt.

Schlag zwischen Bass und Rand

Bereich zwischen Bass und Rand

Diese Zone beinhaltet sowohl den Bass als auch die höheren Töne des Randes und verbindet die beiden Bereiche harmonisch miteinander. Die Hände locker und gerade lassen, während die Finger einander entspannt berühren. Wie ein gleitender Vogel direkt vor dem Landen, wo es nur wenig Abstand zum Boden gibt, so sollen die Hände über die Trommel gehalten werden. Lassen Sie die Hände wie auf einem Trampolin immer wieder vom Fell springen. Meistens werden Hände und Finger nicht sofort vom Fell zurückweichen, sondern ein wenig liegen bleiben. Wie ein Kranich, der seine Füße auf dem Wasser ruhig und sanft bewegt, oder wie Blätter, die auf Wasser fallen und hin- und herschwingen. So klingt es etwas gedämpft und leiser, bietet aber eine große und dynamische Klangwelt.

Wenn Sie mit beiden Händen auf unterschiedlichen Bereichen, Mitte, Rand und dazwischen zu trommeln probieren, können sehr interessante Effekte entstehen.

Grundübungen für die Kraft der 1000 Klänge

Hier stellen wir Ihnen einige einfache Rhythmen vor. Das sind ein paar Ideen von tausend Möglichkeiten. Am besten ist es, einen Rhythmus so lange zu üben, bis der Körper ihn verinnerlicht hat. Das erkennt man daran, dass die Hände und Finger sich auf der Trommel bewegen, ohne dass man darüber nachdenken braucht. Dann fällt es auch leicht, frei fließend, beliebig langsam und schnell zu trommeln.

Wenn zwischendurch andere Schläge oder Ideen kommen, lassen Sie dies einfach geschehen, anstelle zu denken, dass da etwas falsch läuft. Es gibt nichts Falsches beim Trommeln. Alles, was aus Ihren Händen herauskommt, ist wunderbare und kreative Musik, die weiter vervollständigt werden möchte. Das ist der Anfang des intuitiven Trommelns. Ihr innerer Trommler ist sehr kreativ und spielerisch. Lassen Sie es solange geschehen, wie Sie Lust haben. Bedanken Sie sich dann für das, was geschehen ist, und kehren Sie wieder zu der eigentlichen Rhythmus-Übung zurück.

Übungen einfacher Rhythmen

Übung A:
Schlagen Sie mit beiden Händen nacheinander und in gleichmäßigem Tempo auf den Rand. Wenn das natürlich läuft, betonen Sie eine Hand.

Das bedeutet, etwas mehr Kraft hinzugeben. Halten Sie dabei immer das gleiche Tempo und den gleichen Rhythmus. Die Betonung können Sie dann machen, wenn Sie dazu Lust haben, ohne feste Regel.

Übung B:

Genau wie Übung A, jedoch diesmal Betonung mit der anderen Hand.

Übung C:

Genau wie Übung A und B, und mit der betonenden Hand zwei Mal auf den Trommelrand schlagen.

Übung D:

Beginnen Sie wie bei A und betonen Sie dann die Mitte.

Übung E:

Fangen Sie mit der Mitte an und spielen Sie dann links, rechts und links. Machen Sie das solange, bis Sie nicht mehr nachdenken müssen, welche Hand wie und wo ist.

Übung F:

Schlagen Sie die Mitte ein Mal langsam und danach den Rand drei Mal schnell (links – rechts - links). Kurze Pause und dann wiederholen.

Variation:

Schlagen Sie die Mitte drei Mal langsam (links – rechts - links) und danach den Rand drei Mal schnell (links – rechts - links). Kurze Pause und dann wiederholen.

Übung G:

Spielen Sie Rand 1, 2, 3, 4, und Mitte. Wechseln Sie die Hand, die in die Mitte kommt.

Wo und warum Verspannungen häufig auftreten

Wenn Sie unter Stress oder Leistungsdruck stehen, merken Sie bald, wie Ihre Schultern immer schwerer und schwerer werden. Die Last ist zu groß, so dass Sie sie kaum auf Ihren Schultern tragen können. Es macht Ihnen Angst, dies und jenes nicht zu schaffen.

Wenn Sie zu viel Verantwortung für andere auf sich nehmen, werden Ihre Schultern sich verhärten und verspannen, weil in diesem Bereich die Chakren für Ernährung und Verantwortung liegen. Wird dies ein dauerhafter Zustand, wandern die Verspannungen bis hinunter in die Schulterblätter.

Wir bestehen zu 70 % aus Wasser. Es ist schon bekannt, dass Wasser die Schwingungen von außen aufnimmt und bestimmte Energiequalitäten speichern kann. Das heißt, unser Körper ist ein Speichermedium.

Emotionen wie Freude, Lustgefühl, Wut, Zorn und Hass sind Schwingungen der Seele. Wenn wir diese nicht nach außen ausdrücken können, werden sie in unterschiedlichen Körperbereichen gespeichert, wie zum Beispiel in den Muskeln, die sodann verhärten.

Wenn Sie auf jemanden wütend sind, Ihre Gefühle jedoch nicht konstruktiv ausdrücken, werden diese nicht ausgedrückten Gefühlsenergien irgendwann zu viel und stagnieren an den entsprechenden Körperbereichen (Reflexzonen in der Muskulatur). Sie sind nicht mehr im Fluss. Sie suchen einen Weg, wo sie hinauskommen können. Wenn sie den Weg nicht finden, dann bildet sich ein großer Stau, der zu ungemütlichen Verspannungen und Verhärtungen führt.

Je nachdem, in welchem Bereich des Körpers diese Verspannungen auftreten, kann man Rückschlüsse ziehen, um welches Lebensthema es sich dabei handelt.

Wie kann man Verspannungen lösen?

Eine Lösungsmöglichkeit ist, seinem Körper die Möglichkeit zu geben, gestaute Gefühle in Fluss zu bringen. Zum Beispiel mit dem Schamanischen Heiltrommeln, schamanischer Geistheilung des White Feather Schamanismus, Rainbow Reiki, Reinkarnationstherapie und Advanced Metaphysical

Healing. Das klingt vielleicht nach einer ganzen Menge, wobei nicht immer alles angewandt werden braucht. Manchmal ist die Kombination einzelner Wege gerade das Richtige für den Betroffenen. Daher versteifen wir uns nicht auf eine Methode, sondern setzen alle ein, die gut funktionieren. Unserer Erfahrung nach ist das Schamanische Heiltrommeln, wenn man dem Inneren Kind beim Trommeln freien Lauf lässt, sowohl für den, der die Trommel spielt, als auch für den, der die Klänge genießt, auf verschiedenen Ebenen für die Muskulatur sehr entspannend und vitalisierend.

Wie kann man Verspannungen vorbeugen?

Um Verspannungen vorzubeugen, ist es wichtig, die eigenen Gefühle anderen Mitmenschen liebevoll und konsequent auszudrücken. Das fördert außerdem die Begeisterungsfähigkeit, weil man wieder lernt, Freude und Begeisterung zu zeigen, für die großen wie für die kleinen Dinge im Leben.

Viel Wasser zu trinken hilft sowohl zur Vorbeugung als auch zur Entspannung selbst, weil dadurch vieles in Fluss kommt und die in den Muskeln abgelagerte Harn- und Milchsäure ausgespült werden kann. Genau in diesen Säurekristallen werden unausgedrückte Emotionen in den Muskeln gespeichert. Sie sind außerdem der Zugang zu Ereignissen, die zu den Emotionen geführt haben. Daher ist die Kombination aus Schamanischem Heiltrommeln und Reinkarnationstherapie besonders sinnvoll. Am besten sollte man mindestens 30 ccm Wasser pro kg Körpergewicht pro Tag trinken, und im Sommer ruhig einen Liter mehr. Wasser hilft, die Gefühle besser wahrzunehmen. Nur das Wahrnehmbare kann man auch gut ausdrücken.

Eine weitere Möglichkeit ist es, den Heilstein Karneol ca. 10 Minuten auf das zweite Chakra zu legen. Das zweite Chakra liegt knapp oberhalb des Schambeins. Dieses Energiezentrum hat in besonderem Maße mit Lebensfreude, Emotionen, Lust und Sinnlichkeit zu tun.

Sich selber Zeit zur eigenen Entspannung zu gönnen und einfach einmal loszulassen, einfach einmal nur da zu sein, ist ebenfalls sehr hilfreich, da das ständige Festhalten an Situationen im Leben die Muskulatur nach und nach versteift. Sollte dieses Loslassen schwer fallen, helfen Rituale mit dem Schamanischen Heiltrommeln und Schamanische Geistheilung sowie die Rainbow Reiki Power Mentalheilung. Irgendetwas im Leben hat dazu geführt, sich immerzu mit etwas beschäftigen zu müssen, möglicherweise um den eigenen Körper nicht mehr wahrzunehmen. So ist eine Auszeit mit entsprechender Ablenkung und Tapetenwechsel eine feine Sache.

Stufe 2. Versetzte Klänge – Das Brummen der Hummeln

Die langsamen und deutlich erkennbaren Grund-Rhythmen verwandeln sich mit der Zeit in unsichtbare und schwer begreifbare Rhythmen. Das sind so genannte versetzte Swing-Rhythmen, die sich sowohl bewusst als auch mit der klassischen Zählweise in Takten kaum darstellen lassen. Eine Hummel bewegt ihre Flügel so schnell, dass man sie kaum erkennen kann, aber man hört sie eindeutig und spürt eine bestimmte kühlende, aufregende Energie. Wenn sie sogar herankommt, fast die Haut berührend, dann bekommt man eine Gänsehaut. Ihre Hände bewegen sich wie die Flügel der Hummel.

Man schaut einfach fasziniert zu, und es kann vorkommen, dass man in die fliegenden Hände hineinfällt und dass die Zeit stehen bleibt, für die ewige Schönheit.

Das ist der Anfang des professionellen Trommelns. Damit kann man beliebige Geschwindigkeiten erzeugen. Es lassen sich eindrucksvolle Obertöne schaffen, und die Hände tanzen auf der Trommel.

Übung A:

Schlagen Sie links ein Mal und rechts zwei Mal, und machen Sie das immer schneller, bis Sie aus dem Rhythmus kommen. Trommeln Sie dann weiter.

Das ist ein gutes Zeichen, weil die eine Hand beginnt, völlig andere Rhythmen zu machen.

Übung B:

Links ein Mal schlagen
Rechts zwei Mal schlagen
Das noch ein Mal wiederholen

Links, rechts und wieder links schlagen

Solange, bis es natürlich klingt, lassen Sie zwischendurch die Pausen immer kürzer werden. Die Hände werden immer schneller, und danach wieder langsamer.

Übung C:

Mitte, links, rechts und wieder links

Drei Mal mit schnellem Tempo wiederholen

Dann wieder in die Mitte, links und rechts schlagen. Machen Sie hier eine kurze Pause, und wiederholen Sie danach die Übung beliebig oft.

Übung D:

Erste Strophe:

LLL R LL

Zweite Strophe:

Erste Strophe

LLL R LL RLR

Übung E:

Schlagen Sie links ein Mal und warten Sie kurz, indem Sie die Hand in der Luft halten, ca. 10 cm über der Trommel.

Dann schnelle Schläge links und rechts.

Üben Sie eine Weile und lassen Sie danach das Tempo immer schneller werden.

Übung F:

Hier wird nur in einem Bereich getrommelt, und zwar vorne am Rand in der Mitte. Achten Sie darauf, wenn Sie die Hand wechseln, immer am gleichen Ort zu trommeln.

Schlagen Sie rechts ein Mal und warten Sie kurz. Dann noch ein Mal. Direkt danach folgt die linke Hand.

Beginnen Sie dann mit der linken Hand und warten Sie kurz. Dann noch ein Mal. Direkt danach folgt die rechte Hand.

Wiederholen Sie die Übung beliebig und lassen Sie dabei die Hände hin und her schwingen.

Es klingt etwa so: Tan Tadan, Tan Tadan …

Wenn Sie sich daran gewöhnt haben, können Sie einen anderen Bereich der Trommel benutzen, und zwar seitlich am Rande.

Übung G:
L RR (schnell) LRL, dann beliebig oft wiederholen

Übung H:
R LL L RR

Übung I:
LRLR LRL kurze Pause, dann beliebig oft wiederholen

Stufe 3. Kreativität – Klänge der Kraft und Power-Rhythmen

Nachdem Sie viele verschiedene Rhythmen geübt haben, probieren Sie einmal aus, einige neue Grundrhythmen selbst zu erschaffen.

Das können Sie tun, indem Sie sich von Musik inspirieren lassen und die Rhythmen mit allen Mitteln ausdrücken. Ahmen Sie zum Beispiel mit dem Mund Rhythmen nach, mit den Händen auf dem Lenkrad im Auto, auf Ihrem Bauch oder Oberschenkel, und natürlich auch auf dem Trommelfell. Nutzen Sie alle Möglichkeiten in Ihrer Umgebung, die Ihnen unterschiedliche Töne schenken können. An der Tür, Säule, an Gebäuden, auf Gläsern, Kochtöpfen, Pfannen, Schultern.

Die geheimen Rhythmen der Natur hören

Im Wald gibt es viele Klänge. Die Pflanzen sprechen, singen und tanzen. Jeder Stein, jeder Baum, jede Blume und jeder Pilz hat seine eigene Schwingung. Möchten Sie herausfinden, welche Musik sie machen und ihre Rhythmen von ihnen lernen?

Das ist zwar ganz einfach zu lernen, aber vielleicht brauchen Sie etwas Mut, weil Sie ein wenig aus sich herauskommen müssen. Man kann Musik ohne körperliche und emotionale Beteiligung hören, aber die Musik der Natur können Sie nicht ohne diese erleben. Hier ist es angebracht, viel mitzugestalten.

Gehen Sie in die Natur, an einen Ort, von dem Sie wissen, dass er nicht von vielen Menschen aufgesucht wird. Suchen Sie sich einen ruhigen Ort, damit Sie ungestört tanzen und singen können. Nehmen Sie bitte Ihre Trommel mit. Tragen Sie die Trommel in einer Tasche, damit sie vor Regen geschützt ist und Sie bequem laufen können.

Wenn Sie einen geeigneten Ort gefunden haben, schauen Sie sich die Umgebung an.

Suchen Sie einen Platz, wo Sie Ihre Trommel dem Publikum, nämlich Bäumen, Vögeln, Gras, Steinen, Bach, Wildblumen vorstellen können.

Beginnen Sie mit dem Göttin-Ritual und trommeln Sie für die Natur dort.

Wenn Sie eine Weile getrommelt haben, stehen Sie auf und gehen langsam zu einem Objekt, von dem Sie die geheime Musik hören und lernen möchten.

Wenn Sie zum Beispiel zu einem Baum gegangen sind, dann begrüßen Sie ihn, indem Sie eine Verbeugung machen. Legen Sie dann eine Hand auf den Baum und die andere auf Ihr Herz. Spüren Sie einige Minuten seine Energie.

Bringen Sie dann eine Silbe und den Ton des Baumes heraus, indem Sie einfach Ihren Mund öffnen und es tun. Atmen Sie dabei in den Bauch.

Es kann auch sein, dass dieser einfache Ton sich irgendwann ändert und zu einer anderen Silbe und einem anderen Ton wechselt.

Lassen Sie es einfach geschehen. Wenn Sie sich daran gewöhnt haben, können Sie fortgeschrittene Musik lernen.

Lösen Sie dann die Hand vom Baum und stellen Sie sich mit etwas Abstand vor ihn hin. Bitten Sie um eine Tanzmusik und hören Sie sie mit Ihrem inneren Ohr. Lassen Sie anschließend langsam die Hände schwingen und beginnen Sie, auf diese Musik zu tanzen. Sie hören die Musik nur in Ihrem Herzen, und wenn Sie sie mit dem Mund nachmachen, dann können Sie sie auch mit den Ohren hören.

Nachdem Sie eine Weile getanzt haben, gehen Sie einfach zum nächsten Baum oder einer anderen Pflanzen, die Sie sympathisch finden.

So wechseln Sie immer wieder Ihren Tanzpartner und genießen die Momente des freien Tanzes.

Kommen Sie dann zurück zu Ihrem Platz und trommeln Sie als Dankeschön. Sie sind jetzt von der Natur inspiriert und haben so viele Rhythmen in Ihrem Herzen, mit denen Sie noch kreativer trommeln können. Viel Spaß und viele Grüße, einige kennen uns vielleicht schon …

Ihr Inneres Kind ist jetzt dabei, mit den verinnerlichten Bausteinen kreativ umzugehen. Aus einfachen Rhythmen kommen viele Variationen unterschiedlicher Lautstärke und Tempi, so dass dabei richtig spannende Trommel-Lieder improvisiert werden können. Das sind Ihre Rhythmen, die andere schwer nachmachen können. So kommt Ihr wahrer Charakter zum Vorschein, wodurch Ihre Eigenschaft, Leidenschaft und Lebensfreude ausgedrückt wird. Jeder weiß, selbst mit geschlossenen Augen, wer jetzt gerade trommelt. Wie jeder seinen eigenen Atemfluss hat, so wird ein einzigartiges individuelles Werk entstehen. Das ist Ihr Erkennungszeichen.

Stufe 4. Trance-Trommeln

Hier kommen Sie in eine höhere Stufe des Trommelns. Es geht um besondere spirituelle Aspekte. Am Anfang trommelt man noch bewusst. Man übt Rhythmen, bis sie quasi zu körpereigenen Bewegungen werden.

Dann kommt man irgendwann an den Punkt, wo die Hände sich scheinbar von alleine bewegen und ganz natürlich immer neue Rhythmen entstehen. Man hat den Eindruck, als würde man nicht mit den Händen auf der Trommel spielen, sondern als würde die Trommel die Hände einziehen. Einerseits sind Sie sich bewusst, was dort vor sich geht, andererseits können Sie nicht mehr mit Ihrem bewussten Geist kontrollieren, was noch kommt. Die Außenwelt ist in den Wolken verschleiert und Sie dringen in Ihre tiefsten Gefilde vor. Das ist ein unbeschreiblich schönes Gefühl, ein Moment, wo das Trommeln Sie in eine helle Wachheit und gleichzeitig in die schwebenden Wolken schickt. Sie sind einzigartig in dieser Welt und schauen die Welt in Zeitlupe an. Aber nur Ihre Hände bewegen sich und lassen Sie immer tiefer in dieses Gefühl versinken.

Sie begeistern sich selbst, was für tolle und überaus interessante Rhythmen Sie dort zaubern. Wenn Sie nicht versuchen, sich die Rhythmen zu merken und sie bewusst zu steuern, gehen Sie langsam in Tieftrance. Ein Seins-Zustand der anderen Welt. Dort begegnen Sie einem Kraftort oder einem Wesen, das Ihnen Kraft schenkt.

Um bis zu dieser Stufe zu gelangen, braucht man unterschiedlich viel Zeit. Mit Begeisterung, regelmäßigem Üben, Freude und der Anwendung spiritueller Aspekte, die in diesem Buch beschrieben werden, können Sie es bald schaffen.

Folgende Übung hilft Ihnen dabei.

Sich in die Schwingungen eines Mandalas hineinbegeben

Wählen Sie intuitiv reichlich Steine verschiedener Sorten, die Sie mögen.

Legen Sie einen Stein in die Mitte und von dort aus die anderen Steine im Kreis darum herum. Es kann ein Kreis sein oder mehrere. Bewegen Sie die Steine so lange, bis Sie den Eindruck haben, dass sie an der richtigen Stelle liegen und alles in Ordnung ist.

Ritzen Sie in eine Kerze Ihren Namen, Geburtstag und die folgenden Worte: Liebe, Bewusstsein und Eigenverantwortung. Zünden Sie die Kerze an und stellen Sie sie in die Mitte des Kreises.

Setzen Sie sich so hin, dass Sie das Mandala gut sehen können, und betrachten Sie es eine Weile. Fangen Sie dann an zu trommeln, während Sie die ganze Zeit das Mandala betrachten.

Wenn Sie einen Wunsch haben, so denken Sie an ihn und trommeln.

Wenn Sie eine schöne Erinnerung aus der Vergangenheit wieder in das Hier und Jetzt holen möchten, dann denken Sie bitte an jene Situation.

Stufe 5. Trance-Trommeln durch Spirits

Hier geht es darum, die Kontrolle über sich einem bestimmten Lichtwesen zu übergeben, so dass es sozusagen Ihren Körper nutzt, um durch Sie zu trommeln. Wie das geht? Ohne Kontrolle geht ja gar nichts. Ich muss alles vorher wissen, was ich spiele und wie ich spiele. Es könnte ja sein, dass ich aus dem Takt komme.

Vielleicht bin ich dann nicht mehr so, wie ich jetzt bin, der Angestellte, die Mutter mit vielen Kindern, der Beamte oder der anständige Schüler. Mache ich etwas Falsches oder etwas ganz Verrücktes? Die meisten Menschen haben Angst, die Kontrolle abzugeben, weil die Welt einen mit anderen Augen sehen könnte. Aber mit Kontrollzwang kommen wir in der Welt der Kreativität auch nicht weiter. Unsere Talente können unter diesem Kontrollzwang nicht richtig ausgelebt werden. Wer schöpferisch sein will, braucht Offenheit und Freiräume.

Alles, was Sie bis jetzt geschaffen haben, ist eine große Leistung. Vielleicht können Sie dies und jenes noch besser machen. Die Engel helfen Ihnen dabei. Das Trance-Trommeln durch die Spirits hilft Ihnen dabei, die Kontrolle abzugeben, für etwas Neues.

Mit der bestimmten Absicht der Heilung können Sie Engel oder Lichtwesen zum Trommeln einladen und sich durch sie leiten lassen.

Üblicherweise werden uns die Botschaften von Spirits in Form von Worten, Texten und Bildern durch einen Schamanen weitergegeben. Mit dieser speziellen Technik kann ein Schamane die Botschaften und Heilschwingungen über Klänge und Rhythmen zum Ausdruck bringen. Das erreicht tiefere Schichten unserer Gefühle. Wer das hört, versteht es mit dem Herzen. Das ist ein überraschender und berührender Moment des Heil-Trance-Zustands.

Dies wirkt nicht nur für einen selbst, sondern auch auf den Zuhörer. Er kommt mit der heilsamen Musik der Götter in Berührung. Die heilende Kraft von Lichtwesen fließt durch die Hände in den Raum und in jede Zelle.

So kann es vorkommen, dass man Rhythmen trommelt, die man bis dato noch nie getrommelt hat. Diesen Zustand kann auch ein Laie erreichen, wenn er oder sie genügend Trommel-Erfahrungen gesammelt hat.

Mit den regelmäßigen Erfahrungen des Schamanischen Heiltrommelns, das immer von einem Trommel-Ritual begleitet wird, kommt man schnell auf höhere Schwingungsebenen und kann sich und die Aura reinigen.

Die Lichtwesen sind überall, auch in unserem Herzen. Die Kunst ist es, das zu erkennen und den Zugang dazu zu finden. In dem Moment, wo wir ein reines Herz haben und uns von ganzem Herzen wünschen, dass die Engel uns bei den Dingen helfen mögen, die zum höchsten Besten des Ganzen wirken mögen, werden sie da sein. Ein reines Herz bedeutet, ohne Angst und Zweifel mit Liebe und Mitgefühl zu sein. Das ist leider nicht immer so einfach.

Wenn man einfach die Engel ruft und sich einen Engel vorstellt, bedeutet das nicht, dass sie tatsächlich erscheinen werden. Nur die reine Vorstellung reicht nicht dafür aus, dass im Außen auch das Gewünschte passiert. Wenn alles, was man sich vorstellt, wahr werden würde, dann würde die Welt sicherlich anders aussehen, und einiges wäre weniger kompliziert.

Wenn ich ein Eis essen will und mir dies vorstelle, reicht das nicht aus, damit es dann auch da ist. Ich muss es mir erst durch Handlung besorgen, damit ich es tatsächlich essen kann. Also, wie kann ich sicher sein, dass ein Engel zu mir kommt, wenn ich ihn rufe?

Wer die grundlegende schamanische Geistheilung gelernt hat, kann dies sicher und einfach erleben und die Erfahrung sinnvoll nutzen. Zum Beispiel mit Runen-Magie, schamanischen Ritualen, Rainbow-Channeling und Rainbow Reiki hat man die Möglichkeit, verschiedene Lichtwesen sicher zu rufen und ihre heilenden Energien zu übertragen.

Damit man nicht total außer sich gerät und den Boden verliert, sollte man ein genügend weit entwickeltes und stabiles drittes Chakra haben. Ansonsten kann es in heftigen Fällen passieren, dass man aus dem Stuhl fliegt und sich erst einmal wieder sammeln muss. Die Heilung ist dann meist nicht abgeschlossen, und man muss erneut anfangen. Man sollte sich genügend Zeit lassen, um sich an die starken spirituellen Energien zu gewöhnen, um konstruktiv mit ihnen arbeiten zu können.

Schließlich kommt man dazu „voll abzugehen". Der ganze Körper vibriert und schwingt mit, in Bewegungen und Formen, wie man es sonst nicht für möglich hält. Danach ist man ganz energiegeladen und gleichzeitig ganz entspannt. Solche Momente vergisst man nicht.

Schamanische Heilung mit dem Klang der Natur

Es gibt Klänge, Geräusche und Töne, die die Seele berühren, Gefühle, innere Bilder und Erinnerungen wecken und tiefe Entspannung und Geborgenheit schenken.

Wenn ein Kind sich nicht umsorgt fühlt und weint und es dann die vertraute Stimme der Mutter hört, dann wird es meistens ruhig und lächelt wieder.

Der Klang einer Klangschale oder eines Gongs beruhigt den Geist.

Das Singen der Vögel bringt uns in gute Laune und freudvolle Stimmung.

Es gibt viele Klänge um uns herum, die unseren Gemütszustand und unsere Gefühle beeinflussen. Emotionen sind Nahrung für unsere Seele. Emotionen sind das, was das Herz versteht. Um in Liebe und Harmonie zu leben, ist es wichtig, ein gesundes und funktionsfähiges Herzchakra zu haben.

Schamanen können einen besonderen Klang erzeugen, der Emotionen freilässt, was dafür sorgt, dass der Geist in Frieden gebracht wird, körperliche Schmerzen gelindert werden, dass man sich entspannt und geborgen fühlt. Dabei setzen sie ihre Stimme, Rassel oder Trommel ein.

Die Klänge und Rhythmen des Trommelns sind sehr dynamisch. Sie sprechen viele Schichten unseres Unterbewussten an. Während eines Trommelhealings kommen einiges ans Licht. Anderes wird einfach weggetrommelt, ohne dass man es bewusst zu erleben braucht. Danach fühlt man sich viel besser, weil aus unserem Körper unbrauchbare Energien und Gedanken weggegangen sind.

Eine Reise zu den alten Spuren der Trommel

Stellen Sie sich vor, dass Sie auf einer Wiese sind. Es ist angenehm warm.

Der sanfte Wind weht durch Ihr Haar. Das Geheimnis der Natur tragen Sie mit sich. Während Sie tief ausatmen, nimmt der Wind etwas von Ihnen, etwas, das Sie nicht mehr brauchen, was keine aktuelle Bedeutung mehr für Sie hat. Es fällt Ihnen leicht, die Dinge loszulassen, so wie der leichte und sanfte Wind.

Plötzlich ertönt rollender Donner vom Himmel, von ganz weit weg, und zeigt die Erneuerung auf der Erde. Spüren Sie in sich hinein, wie sich diese lebendige und dynamische Bewegung vom Himmel auf die Erde ausbreitet.

Sie hören, dass die Vögel freudvoll singen. Sie fliegen am flüsternden Bach vorbei, bis zum Wasserfall. Das Wasser fällt mit einem schönen Regenbogen auf die Steine, es entsteht ein wunderbares Singen des Wassers. Dieses Wasser fließt in den Ozean. Die Wellen des Ozeans rauschen in Ihren Ohren und zeigen Ihnen die Fülle. Das Wasser des Lebens schenkt Ihnen die Öffnung der tiefen Gefühle.

Weit über dem Horizont des Meeres steigt die Sonne auf und erleuchtet Ihr Herz.

Die knisternde Flamme des Feuers lässt Ihre tiefen Gefühle zum Himmel aufsteigen. Plötzlich ist es still. Es ist nichts mehr zu hören.

Wie der Rauch des feinen Dufts der Räucherstäbchen zum Himmel steigt, so steigen die Schwingungen Ihres Herzens in den Himmel, ohne irgendein Geräusch zu machen. All Ihre Wünsche, Träume und Sehnsüchte werden von den Göttern erhört.

Da hören Sie das Singen von Menschen, die Sie rufen, an Ihren Platz zu kommen. Sei willkommen, du Reisender!

Dieser Urklang der Natur war immer da, schon seit uralter Zeit. Egal, wie viele Jahre vergangen sind und wie viele Veränderungen auf dieser Erde waren, am Klang der Natur hat sich nichts geändert.

Als Sie im Mutterleib waren, wo Sie noch stark mit Ihrer Engelsidentität verbunden waren, haben Sie voller Fülle den Klang der Welt gespürt, wie die Herzpumpe der Mutter, ihre beruhigende Stimme, Geräusche der äußeren Welt als Welle. Es ist für alles gesorgt. Sie brauchen nichts zu tun. Die Welt ist voller Fülle. In diese Welt sind Sie gekommen, um mit Ihrem Ton in dieser Welt in einem wundervollen Orchester mitzuspielen.

Sie müssen sich nicht mit sich unwohl fühlen, nicht versuchen sich zu verbessern, um ein besserer Musiker bzw. Mensch zu sein. So wie Sie sind, sind Sie einzigartig und schön.

Wenn Sie trommeln, erzeugen Sie genau diese Klänge der Natur, wie der rollende Donner, das Rauschen des Meeres, wie der Wind durch die Bäume weht, kraftvolle Ausbrüche der Vulkane und freudvolles Singen der Vögel. Durch harmonische Zusammensetzung der Klänge entstehen natürliche und einzigartige Rhythmen.

Sprechen wir die Sprache der Natur mit Hilfe der Trommel, können wir die Geheimnisse der Natur entschlüsseln. Es ist wichtig, sie aufmerksam zu beobachten, zu hören und zu spüren.

Genau wie die Mutter Erde die Natur geschaffen hat, können wir dies auch als Töchter und Söhne der Großen Göttin der Mutter Erde nachahmen. Sie sind genauso schöpferisch wie sie.

Das Ohr – Tor zur spirituellen Welt

Über das Sinnesorgan Ohr öffnen wir uns für die ganze Welt. Das Ohr ist das Sinnesorgan, das als Erstes entwickelt wird, um uns Informationen aus der Umgebung mitzuteilen. Als unsere Vorfahren noch auf dem Feld lebten, mussten sie sich vor Gefahren, wie beispielsweise wilden Tieren, schützen, und daher hatten sie eine sehr sensible Fähigkeit des Hörens. So konnten sie auf Gefahren schnell reagieren. Über das, was wir hören, erahnen wir, um was es sich dabei handelt, und rufen entsprechende Assoziationen in uns hervor. Wenn wir einen Vogel singen hören, kommen Bilder von einem Vogel und so weiter. Wenn wir einen Krankenwagen hören, dann fallen uns unangenehme Verkehrsunfälle ein. Lautstarker Streit der Nachbarn lässt die Szene im Kopf entstehen, die Geräusche eines erotischen Films bringen uns zum Fantasieren, fröhliches Lachen und die Lebendigkeit der Kindergärten holen Erinnerungen aus der eigenen Kindheit hoch. Hören hat etwas Visuelles, und es hat mit Gefühlen zu tun, obwohl wir dies nicht mit den physischen Augen wahrnehmen. Wenn jemand im Koma liegt, reagiert er auf Musik. Die Augen können wir zumachen, aber die Ohren nicht. Sie sind immer offen für die Welt.

Bevor wir zur Welt gekommen sind, haben wir im Mutterleib die Welt aus Klang wahrgenommen. Dort haben wir die Stimme der Mutter erkannt, fühlten uns wohl und gaben entsprechende Signale an sie weiter. Sie freute sich sehr, wenn wir durch ihren Bauch kommunizierten. Auf unterschiedliche Musik reagierten wir unterschiedlich.

Die Welt besteht aus Klang. Wenn wir in einer Klangwelt leben, in der wir uns vor Gefahren geschützt, angenommen und geborgen fühlen, entwickeln sich unsere Persönlichkeit und damit auch die grundlegenden Gefühle. Jeder Klang hat mindestens eine Information über das, was das Geräusch auslöst. Information der Beschaffenheit, Qualität, Dimension, Material, und darauf assoziieren wir etwas und es kommen einige Gefühle hoch. Wenn das Baby zur Welt kommt, erkennt es die Stimme seiner Eltern und fühlt sich geborgen. An der Klanglage der Stimme der Eltern und Verwandten können wir gut hören, ob sich die Umgebung auf uns freut und uns willkommen heißt.

Um das Ohr herum sind viele Akupunkturpunkte der wichtigen Organe des Körpers abgebildet. Daher ist es besonders entspannend, wenn man Reiki oder andere Energieübertragung an diesem Bereich bekommt. Wer sich schnell entspannen möchte, sollte zuerst das Ohr behandeln, weil durch diese Position viele Reflexzonen angesprochen werden.

Bei einer Massage, Reikibehandlung oder Meditation hören wir im Hintergrund oft Musik. Eine angenehme Musik hilft dem Körper, sich besser zu entspannen. Der Klang massiert das Ohr und die Meridiane, damit Energien dort besser fließen können, und lädt angenehme Gefühle ein. Das ist wie eine sanfte Massage. Natürlich ist es nicht der gleiche Effekt, wie wenn dort mit Händen oder bestimmten Werkzeugen massiert wird. Diese besondere Art der Entspannung findet in einem feinen Bereich statt.

Man lässt ein Baby direkt nach seiner Geburt auf der Brust der Mutter ruhen, damit es sich beruhigen und hören kann, was es schon von vor der Geburt kennt. Das ist ein angenehmer, geborgener und entspannter Zustand des Körpers, den man durch eine Massage von einer anderen Person nicht erreichen kann. Das Baby erkennt die Stimme der Eltern, und das hilft, sich im Raum zu orientieren, zu spüren, dass es in einem sicheren Raum ist, der uns verbindet.

Wenn wir etwas Angenehmes hören, besonders etwas, das wir ursprünglich kennen, wie die Stimme der Eltern im Mutterleib oder den Herzschlag der Mutter, fühlen wir uns geborgen und entspannt.

Das ist der Grund, warum wir uns beim Trommeln so geborgen fühlen und uns entspannen – es erinnert uns an den archetypischen Herzschlag der Mutter.

Nach der chinesischen Medizin stehen alle Sinnesorgane mit anderen Organen des Körpers in engem Zusammenhang, so dass man darüber ein Krankheitsbild besser verstehen kann. Die Augen stehen für die Leber, die Zunge für das Herz, der Mund für die Milz, die Nase für die Lungen und das Ohr für die Nieren.

Die Nieren sind ein wichtiger Ort für das Ur-Chi (Lebensenergie), das wir seit der Geburt haben. Dieses Ur-Chi ist mit der schöpferischen Urkraft der Erde verbunden. Das Ohr ist immer offen, und dieses Ur-Chi fließt immer aus der Erde zu uns. Das Chi des Himmels atmen wir durch die Lunge, und es ist gut, wenn wir tief in den Bauch atmen, damit das Ur-Chi der Nieren sich mit der Himmelsenergie im Hara verwurzeln und sich von dort aus in den ganzen Körper verteilen kann.

Angenehmes Hören, besonders aus der Natur, stärkt die Funktion der Nieren, und somit sind wir besser mit dem Ur-Chi der Erde verbunden. Der Ursprung des Seins. Die Niere ist das psychosomatische Organ für Beziehungen aller Art, sie steht für das Wasserelement und Emotionen. Dass die Musik unseren Gemütszustand beeinflusst und verschiedene Gefühle hervorruft, wird damit etwas verständlicher.

Wir haben interessante Erfahrungen bei Klienten mit Tinnitus gemacht. Dort wird ein nicht messbarer bzw. für andere nicht hörbarer Ton wahrgenommen. Dies hindert einen daran, andere Dinge richtig hören zu können. Es ist zu stressig, alles zu hören, weil man ständig rauschende Geräusche im Ohr hat. Behandelt man das erste Chakra mit Rainbow Reiki-Energieübertragungen, findet eine erhebliche Erleichterung statt. Würde der Stress im Leben dieses Menschen minimiert und so direkt an der Ursache gearbeitet, könnte der Tinnitus gänzlich ausheilen. Dieser Stress hängt mit den Funktionen des ersten Chakras zusammen, wo es besonders ums

Kämpfen und Flüchten und den Willen zu leben geht. Was möchte mir dieses körperliche Signal zeigen? Möchte da etwas darauf hindeuten, dass ich zu lange die Dinge gemacht habe, die nicht zu mir passen, und dass ich jetzt endlich auf mein Herz hören soll? Oder gibt es etwas oder jemanden, den ich nicht mehr hören will, will ich endlich in Ruhe gelassen werden?

Wir müssen aber nicht unbedingt unser Leben total verändern, um glücklich zu sein. Die Kunst liegt darin, Schritt für Schritt zu lernen, die Dinge anders zu sehen und bewusst wahrzunehmen. Japaner sind Meister im Genießen eines Augenblicks. Besonders bei der Teezeremonie, Kalligrafie und Zen-Meditation wird das deutlich. Jede Handlung soll als Weg gesehen werden, nicht als Zweck, um ein Ziel zu erreichen. Wir rennen von Termin zu Termin, von Ort zu Ort und vergessen dabei etwas: Das Leben passiert eigentlich dazwischen. Das habe ich in Japan besonders während einer alten buddhistischen Pilgerfahrt gelernt. Dort pilgert man von Tempel zu Tempel. Ich wollte immer möglichst schnell beim nächsten Tempel ankommen, habe aber nach und nach festgestellt, dass die eigentlich interessanten und spannenden Erfahrungen auf dem Weg dorthin geschahen. Der Weg ist eben das Ziel.

Ein spiritueller Lehrmeister ist dafür bekannt, dass er zu seinen Veranstaltungen meistens zu spät kommt. Wenn es um 10:00 Uhr losgehen soll, taucht er meist ein oder zwei Stunden später auf. Das ist für manche sehr ungewohnt und lästig. Meistens werden die Schüler, die das nicht kennen, verunsichert und machen sich Sorgen, ob er überhaupt noch kommt. Einige werden auch ärgerlich. Sobald sich die Gruppe daran gewöhnt hat, dass der Lehrer zu spät kommt, kommen einige Schüler ebenfalls zu spät – und genau an diesen Tagen kommt der Lehrer dann pünktlich. Kümmert man sich jedoch nicht darum, genau pünktlich zu sein, und kommt einfach ganz entspannt, dann trifft man in der Regel zur gleichen Zeit ein wie der Lehrer.

Was würden Sie in dieser Situation fühlen, und was würden Sie machen? Wir sind es gewohnt, pünktlich zum Termin zu erscheinen. Man plant alles vorher, um rechtzeitig da zu sein. Das Wichtigste ist, am Ziel anzukommen. Was machen wir, wenn dort eine Lücke entsteht? Das ist eine sehr ungewohnte Situation, die die meisten Menschen nervös macht. Dies ist eine hervorragende Gelegenheit, einmal darüber nachzudenken, wie man diese Zeit nutzen könnte, wie man den Augenblick genießt und aus jedem Moment des Lebens etwas macht, auch dann, wenn etwas Unvorhergesehenes eintritt.

Wie könnte ich diese Zeit nutzen? Ich habe mehr Zeit, als ich geplant hatte. Also nutze ich die Zeit, um mich mit den Menschen zu unterhalten, die ich dort antreffe, um sie kennenzulernen, mich vom Verkehrsstress zu erholen und Bücher oder anderes zu lesen oder zu meditieren. Wir sind nervös, wenn etwas Unvorhergesehenes passiert. Auf dem Weg zu einem Termin ist es gut, diesen Weg zu genießen. Man kann so viele schöne Dinge sehen, anstelle sich Sorgen zu machen, wann man wohl ankommt und ob man es pünktlich schafft. Damit laufen die Wunder des Alltags an einem vorbei. Dass dort viele nette Menschen sind, die mir zulächeln, und die Natur wunderschön ist, wird oft nicht gesehen.

Selbst wenn man pünktlich kommt, heißt das nicht, dass der Geist schon da und bereit ist, sich für die neue Erfahrung und das neue Wissen zu öffnen. Körperlich ist man da, aber der Geist muss erst noch ankommen.

Es gibt eine Geschichte von einem Cowboy und einem Indianer. Der Cowboy hatte seinen indianischen Freund eingeladen, mit ihm Zug zu fahren. Als beide ausstiegen, setzte sich der Indianer neben die Schienen und blieb dort für einige Stunden sitzen. Der weiße Freund fragte ihn, warum er denn neben den Schienen sitze. Darauf antwortete der Indianer, er warte darauf, dass sein Geist auch ankomme. Der Zug war schneller, als der Geist mitkommen konnte.

Das Hier und Jetzt zu genießen ist eine hohe Kunst des Glücklichseins. Sind wir mit unserer Aufmerksamkeit mehr in der Vergangenheit oder in der Zukunft, ziehen viele glückliche Momente des Lebens an uns vorbei. Schamanisches Heiltrommeln hilft uns dabei, ganz und gar in das Hier und Jetzt zu kommen. Versucht man sich beim Trommeln an Rhythmen zu klammern, kommt man irgendwann raus. Haftet man an Rhythmen, die man unbedingt spielen will, verpasst man den rechten Einstieg. Spielt man einfach frei, was kommt, in dem Vertrauen, dass sich alles zum rechten Zeitpunkt entwickelt, entstehen wunderschöne Rhythmen. Man kommt in einen Flow-Zustand, in dem man Raum und Zeit vergisst. Gelingt es, diesen Flow auf den Alltag zu übertragen, kommt man immer mehr in seinen Rhythmus. Unvorhergesehene Unterbrechungen schenken dem

Leben einen besonderen Kick. Das ist wie ein versetzter Rhythmus, der Spannung aufbaut. Die Trommel hören ist also, wie das Leben hören. Es ist eine Art Hör-Erlebnis, wie wenn der Geliebte in mein Ohr haucht und etwas hineinflüstert. Je mehr das prickelt, desto mehr ist man im Hier und Jetzt. Vielleicht ist man dann auch im siebten Himmel ...

Schamanische Klangmassage

Vielleicht kennen Sie die Klangmassage mit Klangschalen. Sich von ihren heilsamen Klängen berieseln zu lassen, ist ein wahres Klangerlebnis. Die unterschiedlichen Klänge einzelner Klangschalen sprechen immer wieder neue Ebenen in der Aura und im Energiesystem an, so dass man sich durch ihre monotonen und gleichsam vibrierenden Klänge beruhigen und entspannen kann. Man kommt dadurch schnell in einen meditativen Zustand.

Klangschalen verbinden Sie mit dem Klang der Erde und der Großen Göttin und schenken Ihnen in tiefster Entspannung ein warmes Gefühl der Geborgenheit und des Schutzes. Die sanften Vibrationen der Klangschwingungen strömen durch den Körper. Mit schamanischen Ritualen aufgeladene Klangschalen erreichen mit ihren besonderen Heilschwingungen Gelenke, Organe und Zellen. Bei dieser Form der schamanischen Klangmassage werden durch Anschlagen der Schale spirituelle Wesen wie der Erddrache oder der Luftdrache in die Klangschale eingeladen. Diese Lichtwesen arbeiten auf den Ebenen spiritueller Heilung. Neben der Heilung schenken sie Inspiration, die sich durch die Reise in die wunderschöne mystische Welt der 1000 Klänge eröffnet. So fällt es leichter, die innere Vision ausfindig zu machen. Klangmassagen sind im Allgemeinen zum Wohlfühlen sehr gut geeignet. Der Alltag kann einfach losgelassen werden, um sich ganz der Entspannung hinzugeben.

Neben der Klangmassage mit Klangschalen gibt es auch Klangmassagen mit der Trommel. Das ist noch nicht so bekannt. Viele tiefere Schichten des Unterbewusstseins werden dadurch erreicht. Das Herz wird besonders angesprochen.

Es gibt verschiedene Arten der Massage. Bei einigen wird mit Druck gearbeitet. Bei anderen gleiten die Hände mehr über den Körper. Wir haben durch unsere langjährige Praxis feststellen können, dass es, wenn es zudem noch um Energieübertragungen und feinstoffliche Bereiche geht, die Klienten sowohl bei normalen Massagen als auch bei Klangmassagen am besten darauf ansprechen, wenn die Einwirkung besonders sanft vonstatten geht. Das Gewebe wird angeregt, die feinen Schwingungen besser aufzunehmen. Neben dem physischen Körper gibt es die energetischen Organe, wie Aurafelder und Chakren. Diese Bereiche erreicht man besonders gut mit sanften und feinen Anwendungen, wie auch der Klang von Schalen und Trommeln sehr fein ist. Voraussetzung ist natürlich, dass sie sanft angeschlagen werden, damit sich der Klang entfalten und auf die entsprechenden Bereiche einwirken kann. Das heißt, sowohl der Klangkörper als auch der physische Körper verhalten sich ähnlich. Beim Menschen hängt das mit dem Energiekörper zusammen. Der Energiekörper ist eine Art energetisches Abbild des physischen Körpers. Bei schamanischen Astralreisen verlässt man mit dem Energiekörper den physischen Körper. Bei Klangerlebnissen wird er sozusagen sanft wie eine Glocke angeschlagen, beginnt zu vibrieren, so dass sich die Schwingungen auf das Energiesystem und das Wasser im Körper auswirken. In manche Klangschalen kann man Wasser füllen und durch Reiben des Schlegels am Rand eine solche Vibration erzeugen, dass diese auf das Wasser übertragen wird und viele kleine Tropfen auf dem Wasser umherzutanzen beginnen. Genauso schwingt das Wasser im Körper mit, es verändert seine Kristallstruktur und beeinflusst so Körper, Geist und Seele. Energien können nun besser im Wasser gespeichert werden. Blockaden werden durch die Vibrationen und die neuen energetischen Schwingungen im Wasser gelöst und weggespült. Herz und Geist werden klar und entspannt. Es fällt wieder leichter, sich der Liebe zu öffnen. Daher ist das Schamanische Heiltrommeln eine Form der schamanischen Geistheilung.

Bei der Klangmassage mit der Trommel wird durch die Klänge und Rhythmen die Sprache der Gefühle angesprochen. Wir hören zwar mit den Ohren, jedoch breiten sich die Klänge durch die Schwingungen im ganzen Körper aus. Hört man einen tiefen Bass, kann man ihn durch die Schwingungen im Herzen wahrnehmen, weil der Bass-Rhythmus dem Herzrhythmus ähnelt. Je nachdem, was für ein Rhythmus erklingt, werden unterschiedliche Organe angesprochen und darüber zahlreiche Gefühle geweckt. Stimmt man sich durch das intuitive Trommeln und durch Führung der Lichtwesen auf den zu betrommelnden Partner ein, entstehen genau die Klänge und Rhythmen, die dieser braucht, um Gefühle hochzubringen und sie zu heilen. So bekommt er durch die Trommel-Klangmassage genau das, was er braucht.

Das Besondere am Schamanischen Heiltrommeln besteht auch darin, dass der Klang der Trommel eine Botschaft der Natur und vieler feinstofflicher Wesen überbringt. Der Klang gelangt wie ein weicher Schleier durch den Wind zu unserem Körper und massiert sanft unsere Haut. Unser Ohr nimmt den Klang zwar bewusst auf, hinter der bewussten Wahrnehmung verbirgt sich aber noch die feinstoffliche Wahrnehmung, die man mit den physischen Ohren nicht hören kann. Die eigentliche Wahrnehmung dessen geschieht über Eindrücke, die im Geiste hochkommen, und die Wirkungen sind sowohl im Körper als auch im Geiste erfahrbar.

Die von der Trommel erzeugten Klänge und Rhythmen sind besonders gut für die Entfaltung von Wahrnehmungs- und Erlebnisfähigkeit, den Abbau von Spannungen und Angst und den Aufbau eines konstruktiven Geborgenheitsgefühls geeignet.

Je nachdem, wie man trommelt, wirken die Klänge beruhigend, heilend und bewegend. Mit dem Schamanischen Heiltrommeln kann man gezielt diese Kraft und Ressourcen in eine bestimmte Lebenssituation schicken, für Regeneration und Reinigung des Energiesystems, wie Aura und Chakren. Trommeln fördert Lebendigkeit und wirkt besonders gut zum Abbau von Unsicherheit, Angst, Depression und Aggression.

Unser Inneres Kind, das Unterbewusstsein, versteht die Sprache des Trommelns, denn das ist der Teil in uns, der unser Herz schlagen und unsere Lunge atmen lässt, ohne dass wir bewusst etwas dazu tun brauchen. Das Innere Kind kennt hunderte von Rhythmen und Kreisläufen in unserem Körper, beschäftigt sich aufgrund seiner Verspieltheit mit den Dingen, die Spaß machen, und ist gleichermaßen für die Intuition, feinstoffliche Wahrnehmung und Heilung zuständig. Lässt man es auf seine spielerische Weise wirken und unterstützt es mit der Trommel in verschiedenen Rhythmen und Klängen in seiner Sprache, kann es spielend leicht die Heilung des Körpers und des Geistes unterstützen.

Je mehr wir diesen Teil annehmen, desto schneller kann eine Wunde heilen. Dieser Anteil kann so gut mit den Rhythmen umgehen, weil er die ganze Zeit die Biorhythmen der wichtigen Organe steuert. Bei Störung der Menstruation bei Frauen hilft die Trommel, wieder in die natürlichen Rhythmen zu kommen.

Weil das Innere Kind mit den natürlichen Rhythmen des Körpers und mit Heilung zu tun hat, weiß es genau, welche Rhythmen wir gerade brauchen. Daher wird beim Lernen des Schamanischen Heiltrommelns der Schwerpunkt auf das intuitive Trommeln gelegt. Dann trommelt das Innere Kind. Die Rhythmen sind alle schon in uns. Die Kunst ist jedoch, die Kontrolle des Verstandes aufzugeben und uns einfach trommeln zu lassen. Diese intuitive Vorgehensweise mit der Trommel stärkt auch die Fähigkeit des Loslassens und Geschehenlassens in anderen Lebensbereichen und öffnet neue Wege für die Heilung.

Dies merken wir besonders in unseren Seminaren. Man kann sich auf den Inhalt eines Seminars durch Auswendiglernen und Anhaften am Plan vorbereiten und sich dann wundern, warum es stressig wird, wenn unvorhergesehene Dinge auftauchen. Lässt man den Plan los und vertraut darauf, dass die wichtigen Informationen zur rechten Zeit auftauchen, redet man aus dem Herzen, statt aus dem Verstand, baut in sich und um sich immer mehr Kraft auf, kann flexibel auf alle Situationen eingehen und kommt auf neue Lösungsmöglichkeiten für die Teilnehmer, wo man sich fragt, woher denn dieses wunderbare Wissen wohl kommen konnte. Nun, das ist eigentlich ganz einfach. Ein Teil davon ist in uns, ein weiterer kommt von den Lichtwesen, und das Innere Kind möchte das Ganze gerne freudvoll in seinem Rhythmus ausdrücken.

Übersinnliche Wahrnehmung

In Japan gibt es eine sehr alte Kampfkunst namens Ninjutsu, in der der Tradition nach der Schüler irgendwann, während er auf dem Boden kniet, vom Meister ohne Vorwarnung von hinten mit einem Schwert angegriffen wird. Die Kunst ist es, im richtigen Moment auszuweichen. Wenn man es hört, ist es schon zu spät. Hier geht es darum, mit den feinstofflichen Sinnen zu spüren, wann der rechte Zeitpunkt zum Ausweichen gekommen ist und es dann auch zu tun. Würde man es spüren und sich bewusst zum Ausweichen entscheiden, wäre es ebenfalls zu spät. Es geht also darum, die außersinnliche Wahrnehmung mit den Handlungen des Körpers in Einklang zu bringen. Beim Schamanischen Heiltrommeln geht dies ebenfalls, wenn man sich auf die Bedürfnisse des Partners einlässt. Man nimmt feinstofflich wahr, was der andere braucht, und setzt es fast im gleichen Moment in die Rhythmen um, die genau das bewirken, was der Partner braucht.

Wie sieht das nun in unserem Alltag aus? Wann ist es nützlich, diese feinstofflichen Sinne zu haben? Zum Beispiel bei der Begegnung mit feinstofflichen Wesen wie Engeln, Göttinnen und Pflanzengeistern. Solche Kontakte gibt es häufiger, als manche mitbekommen. Wenn man einfach einmal die Situationen im Leben anschaut, die gefährlich sind, wo man jedoch „Glück" gehabt hat, weil man „zufällig" einen Schritt zur Seite gemacht hat oder entgegen der Gewohnheit woanders lang gefahren ist. So nutzen wir bestimmte Botschaften und Energien, die sich schützend und fördernd auf unser Leben auswirken.

Feinstofflich begabte Kinder spüren die Anwesenheit der Engel im Raum. Die Eltern, denen diese Fähigkeiten in der Kindheit aberzogen wurden, wissen nicht, wie sie damit umgehen sollen, und tun so, als gäbe es das nicht. Einige Menschen reagieren sehr sensibel auf die Umgebung. So kennen wir jemanden, der selbst in einem geschlossen Raum den Eindruck hat, dass es irgendwoher zieht. Dieser Eindruck taucht bei ihm immer dann auf, wenn er sich in einem Raum oder mit den Menschen dort nicht wohl fühlt. Er kommt mit den Energien dort nicht klar, empfindet es als Zug und bekommt Kopfschmerzen. Ich habe in meiner Schulzeit gelernt, dass ich, wenn ich einen Raum betrat, genau wusste, wie mir einzelne Schüler gesonnen waren und ob sie etwas über mich redeten oder aushecken wollten.

Auch die Fähigkeit, auf das eigene Herz zu hören, wenn es um Entscheidungen geht, gehört in den Bereich der feinstofflichen Wahrnehmung. Manchmal spricht alles dafür oder dagegen etwas zu tun, doch das Herz sagt genau das Gegenteil. Der Verstand kann nicht unbedingt alle Möglichkeiten der Zukunft erkennen, um sich für etwas zu entscheiden. Hören wir jedoch auf unser Herz bzw. unsere Intuition, kommt es zu ganz neuen Möglichkeiten. Auf das Herz zu hören ist für manche Menschen schwer. Sie sind sich unsicher und vertrauen der Intuition nicht. Spüren Sie den lauschenden Klang des Herzens und den Rhythmus des Atems! Das ist der Ort, wo wir Glück finden können. Dort sind die Wünsche, Träume und

Visionen, die nur für einen selbst bestimmt sind. Ohne diese zu hören, ist es schwer, all die schönen Dinge im Leben zu erleben.

In diesem Zusammenhang ist der Hinweis nützlich, dass Hören auf das Herz bzw. die Intuition etwas anderes ist, als auf sein Gefühl zu hören. Bei den Gefühlen gibt es antrainierte Gefühle, wie Ängste, die sich auf keine echte Gefahr beziehen. Nimmt man solche Gefühle als Maßstab für Entscheidungen, kann es ungemütlich werden, und es findet wenig Entwicklung zum Glück statt.

Folgende Trommel-Übung wird Ihnen helfen, Ihr Herz zu spüren und sich näher zu kommen.

Die ursprüngliche Trommel im Herzen hören

Setzen Sie sich an einen ruhigen Ort und trinken Sie einen warmen Tee. Lassen Sie sich dabei genug Zeit.

Meditieren Sie einige Minuten, indem Sie Ihre Aufmerksamkeit auf Ihren Atemfluss lenken. Wenn dabei andere Gedanken aufkommen, widmen Sie ihnen Ihre Aufmerksamkeit für einen Moment, bedanken Sie sich bei ihnen dafür, dass sie da waren, verabschieden Sie sich von ihnen und kommen Sie zu der Übung zurück, Ihren Atemfluss zu beobachten. Achten Sie darauf, wie Ihr Bauch sich bewegt. Wie er nach vorne und wieder zurückkommt. Wenn Sie merken, dass er immer ruhiger und regelmäßiger wird, stellen Sie sich in Ihrem Herzen eine Trommel vor.

Diese Trommel ist die ursprüngliche Trommel der Welt. Entsprechend zeigt die Trommel Ihr ursprüngliches Sein.

Lassen Sie sich dabei Zeit, sie einfach zu beobachten.

Beobachten Sie dann, wie dort getrommelt wird. Es kann mit den Händen oder mit Stöcken sein.

Nach und nach merken Sie, wie die Oberfläche der Trommel sich löst und schmilzt, als würden Sie Eis in warmes Wasser geben.

Am Anfang sehen Sie einen dunklen Bereich dahinter liegen. Folgen Sie diesem, wenn Sie bereit sind.

Es kann eine Erinnerung aus der Vergangenheit kommen. Es kann einfach schön sein, aber es kann die Dinge in Ihnen bewusst machen, die Sie in den letzten Jahren zu verdrängen versucht haben, oder etwas, woran Sie sich bewusst nicht erinnern können. Sie haben die Wahl, dies wieder wegzudrängen oder es sich einmal richtig bewusst zu machen. Was diese Dinge in Ihrem Leben für eine Bedeutung haben, warum Sie sie verdrängen wollten und welche Einflüsse sie auf Ihr Leben haben.

Eins ist klar: Was auch immer in Ihrem Leben Unangenehmes passiert, die Tatsache, dass Sie trotzdem bis hierher gekommen sind, ist etwas Großartiges. Ein großes Lob an Sie! Trotz aller Umstände des Lebens sind Sie da. Schauen Sie, was aus Ihnen geworden ist. Wie viele schöne Dinge in Ihrem Leben Sie geschaffen haben. Loben Sie sich selbst dafür. Das haben Sie sehr gut gemacht!

Verdrängte Gefühle und Erlebnisse verursachen einen Energieverlust, weil man einen großen Kraftaufwand braucht, die Dinge hinter einer Mauer zu verstecken. Die Mauer muss sehr stark und groß sein, damit nichts durchkommt. Ein weiterer Effekt dieser Mauer ist, dass wir einen Teil von uns nicht mehr wahrnehmen (wollen). Je mehr man also verdrängt, umso benebelter läuft man mit der Zeit durch das Leben. So verbaut man sich viele glückliche Momente.

Beginnen wir diese verdrängten Teilpersönlichkeiten wieder wahr- und anzunehmen, öffnen sich neue Türen, wo vorher nur Mauern, Trümmer und Wüste waren.

Entdeckung der echten Bedürfnisse und Wünsche

Die folgende Übung hilft Ihnen, Ihre echten, vom Herzen kommenden Bedürfnisse und Wünsche zu erkennen, indem Sie diese mit der Trommel ausdrücken und wahrnehmen.

Schreiben Sie manchmal Ihre Gedanken auf, etwa in einem Tagebuch? Sprechen Sie manchmal aus, was Sie denken, ohne darüber nachzudenken? Nachdenken kann sehr nützlich und diplomatisch sein, wenn wir jedoch alles bedenken, was wir sagen wollen, sagen wir irgendwann nicht mehr viel oder reden nur noch auswendig gelerntes Zeug. Die Musik aus Ihrem Herzen kommt, ohne darüber nachzudenken. Lassen Sie einfach Ihre Hände schreiben, indem Sie sie auf der Trommel bewegen, und hören Sie dem zu, was da kommt.

Legen Sie die Hände auf eine Trommel und nehmen Sie mit ihr Kontakt auf, indem Sie zwischen Ihrem Herzen und der Trommel eine Resonanz aufbauen.

Schließen Sie die Augen und spüren Sie in Ihr Herz. Wenn dort eine Musik wäre, was wäre das für eine Musik? Bewegen Sie die Hände einfach ohne nachzudenken. Halten Sie die Aufmerksamkeit dabei immer im Herzen.

Halten Sie die Aufmerksamkeit im Herzen und bewegen Sie die Hände ohne nachzudenken

Ihre Herzrhythmen drücken Sie durch die Hände und die Trommel aus. Sie spielen eine Musik aus Ihrem Herzen.

Es ist ein wunderbares Gefühl, dies zu hören. Wenn Sie das hören, kommen Sie in eine Schwingung und sind eins mit sich, und die Musik aus Ihrem Herzen inspiriert Sie.

Achten Sie darauf, die Musik nicht bewusst zu machen. Steuern Sie die Musik nicht, lassen Sie sie einfach entstehen. Die Musik wechselt ständig und es kommen immer neue Rhythmen. Haften Sie nicht bewusst an einer bestimmten Stelle. Das ist Ihr bewusster Verstand, der sich einmischen und Ihnen vorschreiben will, wie die Musik klingen soll. Der Verstand macht in Ihrem Alltag schon genug Arbeit. Jetzt ist es Zeit, Ihr Herz zu spüren und den Verstand ruhen zu lassen.

Trommel-Rituale

Die Trommel ist ein musikalisches Ausdrucksinstrument und besteht meistens aus einem Holz- oder Metallzylinder. Die Oberfläche der meisten Trommeln besteht aus einem Fell oder aus Kunststoff. Befestigt werden sie mit Schnüren oder Schrauben. Die Trommel wird sowohl mit den Händen als auch mit Stöcken gespielt. In afrikanischen Ländern haben die meisten Trommeln unten ein Loch, und in den asiatischen Räumen hat die Trommel eine runde, in sich abgeschlossene Form bzw. auf der anderen Seite ebenfalls ein Fell, damit man sie von beiden Seiten bespielen kann. In der ganzen Welt sind unterschiedliche Formen der Trommel zu sehen, wie Fass, Kessel, Rahmen oder Sanduhr. Der Klang wird durch die Größe des Trommelumfangs, Stärke und Spannung des Fells und die Qualität und Ausarbeitung des Holzes bestimmt. Ein Freund von uns macht sogenannte Trommel-Tunings, indem er das Holz von innen weiter aushöhlt und glättet. Dann tauscht er das normale Seil zum Spannen gegen ein Bergsteigerseil aus, um noch mehr Spannung aufbauen zu können. Eine solche Trommel hat dann einen besonderen Klangkörper, weil weniger in den Fasern des Holzes verloren geht, und durch die besondere Fellspannung lassen sich noch mehr Klangvariationen aus ihr herausholen.

Die Trommel ist ein wunderbares Musikinstrument, und auf Trommelmusik tanzen und singen wir freudvoll. In den Heilungsritualen alter spiritueller Traditionen der verschiedenen uralten Kulturen spielt Musik eine wichtige Rolle. Die Trommelmusik hält zusammen. Sie ist ein wichtiger Begleiter auf Festen und Feiern. Auch gilt die Trommel als Signal für Gefahren und zur Kommunikation von Dorf zu Dorf.

Seit langem wird die Trommel in verschiedenen Kulturen für Rituale verschiedener Art benutzt und von den Schamanen zur Heilung angewandt.

Die Trommel hilft, Licht in dunkle Bereiche zu bringen und wieder in die Herzensschwingung zu kommen. Daher kann sie auch bei der Auflösung von Besetzungen eingesetzt werden, da diese den Klang der Liebe nicht mögen.

Mit der Trommel kann man die Lichtwesen rufen und zu ihnen sprechen. Die elementaren Schallschwingungen haben die Menschen zu allen Zeiten und in vielen Kulturen fasziniert. Die Menschen glaubten, dass sie damit die Götter auf ihre Wünsche aufmerksam machen können.

Die Trommel ist eine Nachahmung der verschiedenen Klänge der Natur. Mit der Trommel drücken wir unsere Wünsche, wie Regen in der Trockenzeit, aus. Gebete der Trommel hallen im Himmel wider und plötzlich bedecken heranrollende Wolken den Himmel. Starker Wind weht durch die Wolke, gegenseitig stoßen sie sich und werden immer größer. Während absolute Stille herrscht, tanzen die Lichter zwischen den Wolken auf die Erde herab. Dann erfüllen die dunklen Wolken den Himmel. Man sieht nichts, spürt aber, dass gleich etwas kommt. Ein greller Lichtblitz erleuchtet die Dunkelheit, und ein Donnerschlag erschüttert die Erde. Ein erlösendes Zeichen, dass der Wunsch (der Regen) gleich in Erfüllung gehen wird. Vor dem erschütternden Donner haben nur die Menschen Furcht, die nicht nach der göttlichen Ordnung leben. Wenn man weiß, dass die größte Macht der Welt die Liebe ist, braucht man vor dem Licht keine Angst zu haben.

Nun ist es so weit. Der Regen prasselt wie mit Flötenklang nieder und sickert vorsichtig in die trockenen Spalten der Erde. Dann fallen große Regentropfen und löschen den langen Durst. Der Regen wird immer stärker und Sturzfluten fallen vom Himmel. Ja! Das freut die Erde und sie tanzt. Der Himmel trommelt auf die Erde. Vom Himmel gesegnetes Wasser fließt überall auf die Erde, und die Pflanzen und Bäume tanzen mit ihren Armen. Die kleinen Bäche singen und der Fluss ist glücklich.

Das Wasser schafft Überfluss und Heilung auf der Erde. In tiefen Tälern fließt das Wasser in engen Schluchten wie eine geschmeidige Schlange und reibt sich an den Felsen. Das Wasser wird immer mehr und schneller und wandelt die Schlange zu einem Drachen. Der wilde Wasserfall donnert in steilen Kaskaden. Durch die hohe Geschwindigkeit entstandene Wellen kreisen sacht, bis nur noch eine langsame Bewegung zu sehen ist.

Der See unter dem Wasserfall zeigt seine tiefe Schönheit. Wenn der sanfte Wind seine Oberfläche berührt, zittert das Wasser vor Freude und bildet tanzende Wellen.

Wasser fließt seit alten Zeiten rund um die Erde und spendet Leben und Wachstum. Es beschreitet einen langen Weg rund um und durch die Erde.

Viele Informationen über das Leben werden im Wasser gespeichert, und wer davon trinkt, wird genauso gesegnet wie Schlangen, Drachen, Wind und Regen in der Natur. Es löscht den Durst und macht neue Wege frei für das, was der Körper braucht.

Wenn die pralle Sonne auf das Wasser scheint, verdunstet das Wasser und geht zum Himmel. Die Götter wissen über das Wasser vom irdischen Leben. Wasser ist ein Mittler für Kommunikation zwischen Menschen, Natur und Göttern. Leider ist die Qualität des Wassers nicht mehr wie früher. Vielleicht ist das ein Grund, warum viele Menschen die Göttin und die Natur in ihrem Alltag weniger spüren.

Trommeln erzeugen die Klänge, die die Schöpferkraft erschaffen hat und die wir in der Natur hören können. Die Spuren der Schöpferkraft sind überall spürbar, besonders wenn wir trommeln. Sie sind ein Ausdruck unseres Herzens, weil wir ein Teil der Natur sind. Die Menschen, die das zusammen hören, stimmen sich gemeinsam auf die Trommel ein und bringen ihre Herzen in harmonische Schwingung.

Wofür man Trommel-Rituale macht:
zur Wunschverwirklichung
zur Heilung
zur spirituellen Entwicklung
zum Loslassen entwicklungshemmender Verbindungen
zur Verbesserung des Feng-Shui
zur Entwicklung von Lebensfreude und Sinnlichkeit
zur Erdheilung
zur Verbreitung inneren und äußeren Friedens
... und vieles mehr

Hirschtanz – Trommel- und Tanzritual der Hopi-Indianer

Beim Hirschtanz wird Großvater Hirsch eingeladen, die Herzen der Menschen zu verbinden und in Einklang und Harmonie zu bringen. Dabei wird ein dem Herzschlag gebührender Rhythmus getrommelt und ein einfacher Schritt aus der Hüfte getanzt, der diesen umschreibt. Von Zeit zu Zeit kommt von Großvater Hirsch ein Segen mit der Rassel auf die Tanzenden herab, der energetische Ungleichgewichte heilt. Durch diese Heilung werden tiefe Blockaden gelöst, da man derart zu lachen beginnt, dass man sich am Boden kringelt. Dabei lösen sich viele Spannungen in Gesicht und Körper. Man ist vom Herzen froh und schwingt mit den anderen.

Auf unseren Seminaren machen wir den Hirschtanz öfters als Abendprogramm. Es ist immer wieder interessant zu beobachten, wie sich die Stimmung und Schwingung der Teilnehmer in so kurzer Zeit entwickelt. Zu Beginn sind die Tänzer noch etwas steif. Doch nach einigen Runden und Segnungen werden sie immer lockerer und schwingen harmonisch im Einklang. Großvater Hirsch übermittelt die Liebe der Großen Göttin, auf dass man sie wieder im Herzen spüren kann und weiß, dass wir alle eins sind.

Bei einem schamanischen Hirschtanz-Ritual hatte Junghee eine Vision: „Ein kleiner Hirsch war alleine im Wald. Er hatte sich verlaufen. Niemand war da. Tage und Wochen war er alleine unterwegs. Die Einsamkeit war für den Kleinen unerträglich. Familie und Freunde waren weg. Es war kalt und dunkel. Er hatte Hunger. Plötzlich merkte er, dass der Boden sich bewegte, und bald hörte er die Schritte seinesgleichen. Es war so beruhigend für ihn zu hören, dass jemand da war. Er war wieder in der Gruppe. Jedes Mal, wenn ich diese Schritte der Hirsche über die Trommel höre, verbreitet sich im Herzen eine große Wärme und Sicherheit. Ich weiß, ich bin nicht allein."

Trommeln für die Heilung des Herzens

Die Trommel ist ein archetypisches Instrument für den Herzschlag. Bumba Bumba Bum Bum. Das ist es, was ein Embryo im Mutterleib die ganze Zeit hört.

Als wir im Mutterleib waren, waren wir noch stark mit der Identität der Engel verbunden. Das ist eine Phase, in der wir sehr viel in der spirituellen Welt sind.

Das Herz ist, wo die Menschen sich aufeinander einlassen und Liebe erleben. Alle Menschen sind über das Herz mit dem Herzen der Große Göttin, der Mutter Erde verbunden und darüber spüren wir die große Liebe der Göttin.

Die Große Mutter, die Göttin, wurde vor dem Aufkommen der patriarchalischen Kultur von den Menschen als die älteste Gottheit verehrt. Sie hat in verschiedenen Kulturen viele archetypische Namen. Gaia in Griechenland, Kali in Indien, Shakti im Altindischen, Ishtar in Babylon, Isis in Ägypten, die Sachsen nannten sie Ostara und im Altnordischen hieß sie Freya, Amaterasu in Japan, Dai Marischi Ten im Buddhismus, Sayayi in Lemuria – zu dieser Gottheit haben wir eine starke Verbindung und wir arbeiten am meisten mit ihr. Sie ist die ursprüngliche Leben spendende göttliche Energie und Schöpferkraft. Über das Herz unserer leiblichen Mutter kam viel Liebe der Göttin zu uns. Das ist es, was die Babys am Leben hält, auch dann, wenn wir, aus welchen Gründen auch immer, nicht genügend Liebe von der eigenen Mutter empfangen.

Wohl jeder weiß, was mit dem Satz gemeint ist, aus der Seele Musik zu spielen. Wenn ein Musiker aus seiner Seele spielt, bekommen wir Gänsehaut und werden in seine faszinierende Aura eingeladen. Durch sein Herz und seine Klänge kommt die Göttin zu uns. Wir sind entzückt, es kommen uns die Tränen und im Herzen tut sich ein erfülltes Gefühl auf. Einer unserer Reiki-Schüler ist ein fantastischer polnischer Opernsänger. Auf Seminaren bietet sich meist die Möglichkeit, dass er etwas für uns oder als Opfer für die Göttin singt. Jedes Mal, wenn er in sein Element kommt, kommen uns und anderen Schülern die Tränen. Das ist die Göttin, die durch ihn wirkt. Er ist das Medium, auf seine Art, für die heilenden

Schwingungen der Göttin, die uns da berühren, wo wir es brauchen, die das in uns heilt, wonach wir uns so lange gesehnt haben.

Das Herz der Mutter ist das Instrument, mit dem wir überhaupt etwas hören können, und die Göttin spielt aus ihrer Seele eine Musik der Liebe. Neun Monate lang sind wir in diesen wunderbaren Herzrhythmen unserer Mutter und der Liebe der Mutter Erde geschwommen, und dies schwingt unser ganzes Leben in uns. Die Liebe der Großen Göttin schwingt aus der ganzen Welt, weil jeder ein Kind der Großen Göttin ist. Das ist eigentlich auch logischer, als das Kind eines Gottes zu sein. Seit wann gebären denn Männer Kinder? Die Göttin schenkt uns Geborgenheit und Liebe. Das ist eine Grundlage des menschlichen Seins. Wenn wir den ruhigen einfachen Bass einer Trommel hören, dann merken wir bald, dass wir plötzlich zur Ruhe kommen und eine außergewöhnliche Atmosphäre der Weichheit um uns herum entsteht.

Daher hilft das Trommeln Babys, die immerzu weinen, und ihren Eltern, die dadurch den Eindruck haben zu versagen. Aus dem Alltagsstress fällt es den Eltern manchmal schwer, das zu geben, was ihre Kinder tatsächlich brauchen. Sie brauchen Wärme, Nähe, Geborgenheit, Zärtlichkeit und besonders das Gefühl, dass jemand da ist, der sie versteht. Das ist langfristig viel konstruktiver als automatische Reaktionen als Notsignale zu senden, die man irgendwann und irgendwo aufgeschnappt hat. Obwohl die Mutter dabei ist, das Baby auf den Arm zu nehmen, und versucht es zu beruhigen, hört das Baby nicht immer zu weinen und schreien auf. Vielleicht schlägt das Herz der Mutter nicht so, wie es das Baby beruhigen könnte. Unruhe, Stress und Gereiztheit der Mutter spüren Babys sehr schnell, und das ist nicht, was sie suchen.

Das Baby macht der Mutter durch Weinen Stress, und die Nervosität und Anspannung der Mutter macht das Kind unruhig und sorgt damit für noch mehr Weinen. Das Baby fühlt sich isoliert, und die Mutter erlebt Angst und Panik. Beide brauchen etwas Beruhigendes und Hilfe von außen. Gegenseitig können sie sich nicht helfen. Kindern und Müttern in dieser Situation haben die Trommeln sehr geholfen, indem sie den Herzschlagrhythmus gemeinsam hören konnten. Die Klänge, die direkt sinnlich wahrnehmbar sind, verbinden die Personen mit Raum und Zeit.

Dieser Rhythmus erinnert Mutter wie Kind an die Zeit, in der sie eine starke Anbindung an die Große Göttin, die Mutter Erde hatten. Die Kraft des Urgrunds des Seins kommt mit der Trommel wieder zu ihnen.

Das ist ein wichtiger Teil des Schamanischen Heiltrommelns. Die Heilung des Herzens hat dabei einen großen Stellenwert.

Wir können die Schwingungen der Mutter Erde channeln, indem wir trommeln. Das geht aber auch für uns. Wir können unser Herz channeln, indem wir trommeln. Dadurch wissen wir mehr über unser Herz, welche Bedürfnisse und Träume wir haben. Die verschiedenen rhythmischen Klänge sind der Ausdruck unseres Herzens. Wir öffnen unser Herz nach oben und drücken die Dinge aus, die in unserem Herzen vor sich gehen. Die Antwort dafür ist Ruhe, Entspannung, Hoffnung und Reinigung der Seele.

In den Vorträgen mit Vorführungen über das Schamanische Heiltrommeln, die wir auf Gesundheitsmessen halten, hören wir öfters von Zuhörern, dass ihre Schulterprobleme und Verspannungen während des Trommelns einfach weggegangen sind. Die Schulter hat meistens mit Verantwortung zu tun, und die Lichtwesen, die wir für den Vortrag um Schutz, Hilfe und Führung gebeten haben, helfen den Hörern, ihre Last loszulassen. Die Last im Herzen hauchen sie weg, so dass dies bei manchen ein tief berührendes Weinen auslöst und sie sich danach viel leichter fühlen. Sie sagen, es hat sich etwas getan.

Die Erfahrung von genügend Liebe, Wärme, Nähe und Zärtlichkeit in der frühkindlichen Lebensphase beeinflusst die späteren Beziehungen mit anderen Menschen. Denn das Baby lernt die Welt durch seine Sinneswahrnehmung kennen. Wenn dort nicht das war, was es spüren konnte, und wenn niemand da war, der auf es reagierte, kann es auch keine Antwort der Freude und Zufriedenheit geben. So können wir aber einfacher den Kontakt mit anderen finden. Wir empfinden den menschlichen Kontakt als angenehm. Für andere ist die menschliche Beziehung stressig und unangenehm und daher bleiben sie lieber Einzelgänger. Das ist in einer Beziehung ein wichtiger Grund dafür, dass es manchen schwer fällt, wechselseitige Antworten sowohl körperlich als auch sprachlich dem Partner mitzuteilen und von ihm anzunehmen.

Im ersten und zweiten Lebensjahr entwickelt ein Kind Fähigkeiten wie Überlebenskraft, Stabilität, Integration, Lebensfreude, Sinnlichkeit. Das

Urvertrauen prägt sich in diesen Lebensjahren ein, je nachdem, wie stark die Resonanz zu den Eltern war und wie viel Liebe und Geborgenheit um das Kind herum war. Wenn ein Kind dies in dieser Phase menschlicher Wärme, Liebe und Zärtlichkeit erlebt hat, wird es das Leben meistens gelassener, zufriedener und sicherer gestalten als andere.

Sonst herrscht ein so genannter Mangelzustand der Liebe. Man hat das Gefühl, dass man nie genug bekommt und irgendwie immer unzufrieden ist und leicht ärgerlich wird. Es fällt einem schwer, den eigenen Körper und andere richtig wahrzunehmen und Gefühle auszudrücken. Man ist irgendwie sauer, aber weiß nicht so richtig worauf.

In diesen Lebensjahren sollte man mit dem Kind sehr spielerisch umgehen, manchmal übertriebene Stimme und Mimik zeigen. Mit dem spielerischen Miteinander lernt das Kind, echte Gefühle zu entwickeln, sich verstanden und angenommen zu fühlen. Wenn ein Kind oft das Gefühl hat, nicht verstanden zu werden, verliert es seine Motivation, bei der Kommunikation die eigene Meinung konstruktiv auszudrücken. Das führt zu Wut und Schreierei. Dieses Phänomen ist bei Erwachsenen häufig anzutreffen, weil sie es nicht anders kennen.

Wie kann man diese verlernte Fähigkeit wieder herstellen? Schamanisches Heiltrommeln stellt die Verbindung zur spirituellen Mutter der Erde wieder her, und die verlorene Zeit kann nachgeholt werden.

Der archetypische Herzschlag der Trommel erinnert uns an die spirituelle Zeit der Anbindung an die Große Göttin. Dies erlangen wir nur durch intuitives Trommeln, so wie man den Herzschlag ebenfalls nicht bewusst steuern kann. Zwar können wir die Trommelrhythmen bewusst erzeugen, jedoch ist das der Weg der Kontrolle auf der Ebene des dritten Chakras, statt des rechten Weges zur Göttin über das zweite Chakra.

Das Baby begegnet der Welt mit allen Sinnen. Die sinnliche Wahrnehmung eines Babys ist anders als die rationale Wahrnehmung eines Erwachsenen. Bei Erwachsenen geht es darum herauszufinden, was man da wahrnimmt. Bei Säuglingen geht es darum, einfach zu spüren, wie sich etwas anfühlt.

In der Dunkelheit Dinge anzufassen ist ganz anders, als wenn man diese sieht. Es ist sehr aufregend, weil man keine Ahnung hat, was vor einem steht. Wenn wir die Partner mit geschlossenen Augen betasten, fühlt sich das anders an als mit geöffneten Augen. Erwachsene haben mit der Zeit Vorurteile entwickelt und teilen ihre Meinung im Guten und Schlechten sehr schnell mit. Das hindert sie daran, neue Erfahrungen zu sammeln, anstelle das Neue erst einmal durch Fühlen kennenzulernen.

Die Trommel ist ein sehr sinnliches Musikinstrument. Der spielerische, intuitive und improvisatorische Umgang damit ist sehr hilfreich, die Sinne wieder zu entwickeln.

Vergebungsarbeit mit der Trommel – der Weg der Liebe

Wir sind Tropfen der Wellen des großen Ozeans und miteinander verbunden. Wir suchen die Menschen, die auf unserer Wellenlänge sind. Und doch sind wir mit allen anderen Wellen verbunden.

Damit wir uns miteinander in diesem Ozean wohlfühlen können, ist es wichtig, nachzudenken, bevor man seinen Mitmenschen etwas sagt.

„Was müsste ich sagen und ausdrücken, wenn die Göttin durch mich spricht?“

Wir sind hier auf dem Weg, die göttliche Liebe in unserem Herzen zu spüren und die göttliche Einheit in uns zu erwecken. Spirituelle Ideale, Inspirationen und Eingebungen aus der spirituellen Welt können das alltägliche Leben mit Sinn erfüllen, wenn wir ein stabiles Herzchakra haben. Das Herz ist eine Brücke zwischen der spirituellen und der materiellen Welt. Die Brücke zwischen den menschlichen Beziehungen für den liebevollen und friedvollen Umgang. Damit können wir unsere Bedürfnisse im Alltag sinnvoll auf die spirituelle Persönlichkeitsentwicklung abstimmen. Wir können in unserem Alltag glücklich sein, wenn wir ein gesundes und gut funktionierendes Herzchakra und ein mit Liebe erfülltes Leben haben.

Die Grundqualität des Herzchakras ist Liebe, Harmonie, Gruppenbewusstsein, die Fähigkeit, sich auf etwas einlassen und Ja sagen zu können. Es gibt Dinge, die Liebe wachsen lassen und die Liebesfähigkeit im Menschen stärken: Toleranz, Mitgefühl, Vergebung, Einheitsgefühl und Freude. Gefühle sind die Hauptnahrung des Herzens und besondere Energien, die uns überhaupt erst beziehungsfähig machen. Gefühle ermöglichen es uns, uns miteinander und füreinander zu verbinden. Wer hat uns Gutes getan, als wir traurig, einsam und ohne Hoffnung waren? Das waren die, die uns mit Mitgefühl und aufmunternden und tröstenden Worten Kraft geschenkt haben. Das stärkt unsere Liebesfähigkeit und wächst wie ein Baum, dessen Herz mit Liebe erfüllt ist, zum Licht. Man nennt dies auch „eine starke Ausstrahlung".

Gefühle stärken unsere intuitiven Handlungen und helfen uns zu lernen, die Welt nicht vom Kopf her zu verstehen.

Emotion bedeutet im Ursprung „etwas herausbewegen". Das bedeutet, die Gefühle sind dafür da, sie von unserem Inneren ins Außen zu bewegen, sie also auszudrücken. Die Quelle der Gefühle ist wie ein Brunnen. Je mehr man aus ihm schöpft, umso klarer wird das Wasser und umso mehr kommt aus ihm heraus und umso mehr haben wir davon. Die Gefühle sind, wenn sie ausgedrückt werden, das den Menschen reinigende, nährende und kräftigende Quellwasser.

Doch was ist mit den Gefühlen, die unser Herz schwach machen und den Geist trüben, wie Hass, Zorn, Wut und Rachegefühl?

Solche Gefühle verursachen Wunden im Herzen. Wenn wir wütend und aggressiv sind, fühlen wir uns auch stark, aber das ist es nicht, was uns gesund und glücklich macht, ganz im Gegenteil, es zehrt den Betroffenen auf. Wütende Menschen sind aggressiv und schmeißen Dinge vor Wut im Raum umher. Die negativen Gefühle produzieren zwar starke Energien, aber eben solche, die das Leben kaputt machen. Wie im Krieg, wo sich die Menschen gegenseitig totschlagen und am Ende nichts als tote Erde übrig bleibt.

Woher kommen diese negativen Gefühle? Es gibt Situationen, in denen wir von unseren Eltern, Freunden, Geliebten, Bekannten und Unbekannten verletzt werden. Diese Verletzungen sind heilbar durch Vergebung. Aber viele Menschen wollen diese wund machenden Gefühle beibehalten, weil sie glauben, dass sie mehr Macht über die anderen haben, wenn sie ihre Verletzungen sichtbar lassen. Ob der andere noch lebt oder nicht, ob wir ihm vergeben oder nicht, er trägt keinen Schaden davon. Der Einzige, der unter den Umständen weiter leidet, ist derjenige, der nicht vergibt. Welches Handeln man auch immer auswählt, zeigt man mit dem Zeigefinger auf einen anderen, deuten drei Finger auf einen selbst zurück. Probieren

Sie es einfach einmal aus. Na, welche drei Finger zeigen auf Sie zurück, wenn Sie mit dem Zeigefinger irgendwo hindeuten? Hegen wir negative Gedanken und Gefühle, kommen diese zurück. Sind es positive Gefühle, Wünsche und Gedanken, kommen auch diese zurück. Dies ist Karma, das Gesetz von Ursache und Wirkung. Kurzum, um seinen inneren Frieden zu finden, ist es nützlich, bei sich selbst anzufangen. Gelingt es dabei zu vergeben, schwinden die meisten Trümmerhaufen von alleine. Denn in der Vergebung steckt die Kraft der Liebe.

Einerseits wissen viele nicht, wie man vergibt, andererseits denken viele unbewusst: „Wenn mich jemand verletzt hat und meine Wunden nicht mehr zu sehen sind, kann die Person nicht bestraft werden. Es gibt keine Beweise."

Seit der Kindheit lernen wir, dass der böse Mensch bzw. ein böses Kind bestraft werden muss, und zwar auch dann, wenn etwas falsch gemacht wird. Die „Technik" der Strafe wird als Machtmittel eingesetzt, um Rachegefühle oder Wut zu legitimieren. Das Programm, welches im Geiste abläuft, lautet etwa so: „Solange ich das habe, kann ich diesen Menschen bestrafen. Also behalte ich diese negativen Gefühle in mir. Ihm vergeben, und meinen inneren Frieden kann ich erst dann wieder finden, wenn ich gesehen habe, dass auch er genügend gelitten hat, und zwar mindestens genauso viel wie ich oder besser noch mehr ..." Diese Denkweise, sei sie bewusst oder unbewusst, hat nur eine Wirkung: Sie macht den Anwender kaputt und sorgt für mehr Leid auf allen Ebenen.

Im Grunde gibt es keinen bösen oder falschen Menschen. Der Mensch ist, so wie er ist, von der Schöpferkraft geschaffen. Es kann nicht sein, dass die Schöpferkraft etwas Böses oder Falsches schafft. Was es jedoch gibt, sind unsinnige Entscheidungen und daraus hervorgehende unsinnige Handlungen, die einen selbst oder andere verletzen können. Meist wird dabei die unsinnige Handlung mit der Person selbst verwechselt, und es gibt Schwierigkeiten, diese wieder ans Herz zu nehmen. Die Prägung, dass es das Böse an sich und böse Menschen gibt, und die Idee, es sei gut, diese zu bestrafen, ist so stark, dass man arge Probleme bekommt, den anderen zu vergeben.

Vergebung bedeutet nicht, dass der Täter weiterhin andere verletzten darf. Vergebung bedeutet nicht, dass die andere Person Recht hat. Vergebung bedeutet nicht, dass man zu der Person hingeht und sich mit ihr auseinandersetzt. Vergebung bedeutet nicht, dass man einfach vergisst und so tut, als wäre nichts geschehen.

Vergebung ist u.a. die bewusste Entscheidung, die eigenen Störgefühle wie Wut, Hass, Neid und Zorn loszulassen und den anderen alles Gute zu wünschen. Das ist der Weg der Liebe. Dieser Weg führt zu Verständnis, Einsicht und zum lang ersehnten inneren Frieden. Dieses Ziel ist erreicht, wenn, während man – ohne gleichgültig zu sein – an die Person oder Situation denkt, keine negativen Gefühle hochkommen und man einfach Ruhe im Herzen spürt.

Ein weiterer, oft unbewusster Grund, warum das Vergeben schwerfällt: „Wenn ich vergebe, kann ich niemanden mehr dafür verantwortlich machen, dass es mir in meinem Leben so schlecht geht."

Diese negativen Gefühle sind selbstvernichtend und ein großes Hindernis auf dem Weg des Friedens und der Liebe. Dies sind Glaubenssätze, die immer wieder zu einer Selbstbestrafung führen. Entweder, weil man ungemütliche Situationen aufgrund dieser Prägung anzieht, oder weil man sich sogar bewusst das Leben verdirbt, zum Beispiel durch Bestrafen und den Wunsch, bestraft zu werden. Ein dazu passender Glaubenssatz ist zum Beispiel: „Ich muss leiden, wenn ich ein guter Mensch sein will." Lässt man sich diesen Satz auf der Zunge zergehen, kommt man sicherlich bald zu dem Schluss, dass das völliger Unsinn ist und im Widerspruch zu dem oben Beschriebenen steht. Schaut man sich hingegen die Menschen in der Umgebung an, stellt man fest, dass es genügend gibt, die danach handeln. Falls Sie jemanden kennen, der so oder ähnlich handelt – es gibt noch zahlreiche weitere Glaubenssätze dieser Art – können Sie davon ausgehen, dass es sich hier um eine Selbst-Sabotage handelt, die diesem Menschen dabei hilft, nicht glücklich werden zu wollen, was auch schon wieder sehr paradox klingt.

Es gibt subjektive und objektive Verletzungen. Bei einer objektiven Verletzung kann jeder den Schaden wahrnehmen, wie zum Beispiel einen körperlichen, geistig-seelischen, sozialen oder materiellen Schaden. Dazu zählen u.a. Körperverletzung, Drohungen, Beleidigung, Missbrauch, Lügen, Mobbing, Verleumdung, Datenmissbrauch, Intrigen, Liebesentzug und Betrug.

Subjektive Verletzungen hingegen spüren die Betroffenen sehr wohl, sie sind aber nicht unbedingt von jedem wahrnehmbar. Was bei einer subjektiven Verletzung Schaden nimmt, ist zunächst nicht die Person selbst, sondern das Ego und eine Maske, die man sich irgendwann aufgesetzt oder aufgedrückt bekommen hat. Subjektive Verletzungen sind daher keine echten Verletzungen, weil sie keine negative Veränderung im körperlichen, geistig-seelischen, sozialen und materiellen Bereich hervorrufen. Das Verhalten, welches das verletzte Ego oder die vorgestellte Maske aufgrund der subjektiven Verletzung dann oft an den Tag legt, kann sowohl subjektiv als auch objektiv verletzende Auswirkungen haben, je nachdem, wie die Reaktion auf die Ego-Verletzung ist. Daher kann es, wenn die Person fest überzeugt ist, dass es eine echte Verletzung ist, in diesem Bereich indirekt negative Auswirkungen haben, die aber selbst verursacht wurden. Hier geht es darum, dass der Betroffene fest davon überzeugt ist, die anderen haben aus einer „bösen" Absicht gehandelt. Das ist aber meistens nur eine Vermutung und kein Beweis, dass es wirklich so ist. Denn wenn man nicht krampfhaft versucht, eine Maske hochzuhalten, können das Ego und der Stolz auch nicht verletzt werden. Interessanterweise sind Egoverletzungen die am häufigsten auftretenden Verletzungen, weil kaum jemand sich so zeigt, wie er wirklich ist. Der Nutzen dahinter kann der sein, dass man nicht wirklich im Herzen verletzt wird, auch wenn man sich verletzt fühlt.

Möglicherweise war das jetzt etwas verwirrend. Folgende Beispiele sollen es etwas vereinfachen.

Eine Tantra-Lehrerin, die normalerweise offen über Sexualität spricht, wird auf einem Event angesprochen; „Hey, schön dich zu treffen. Ich kenne eine ganz fantastische Massage. Ihr Name ist Saydiyay und sie fördert die Sinnlichkeit und Lust in enormem Maße und lässt einen schon nach einer Anwendung ganz entspannt und mehrere Jahre jünger aussehen. Hättest du mal Lust, das auszuprobieren?" Die Tantra-Lehrerin erwidert darauf halb ernst und halb belustigt: "Mit so etwas brauchst du einer Frau wie mir, die sich seit Jahrzehnten mit Tantra und Lust beschäftigt, gar nicht zu kommen. In diesen Dingen bin ich die Meisterin. So eine Massage brauche ich nicht. Schäm dich, mir so etwas anzubieten, also wirklich …" Diese Antwort kommt völlig unerwartet. Der Fragende ging davon aus, dass sich die Tantra-Lehrerin darüber freuen würde, weil da etwas Neues ist, und dass sie dafür offen wäre, wenn sie davon hört. Aber sie ist leicht verärgert und will das Gespräch so schnell wie möglich beenden. Was können wir daraus schließen?

Die Tantra-Lehrerin geht nach Hause und denkt möglicherweise: „Was für eine Unverschämtheit, dass jemand mit so etwas zu mir kommt. In diesen Dingen bin ich ja Meisterin. Warum kann er dies bei mir nicht sehen? Vielleicht hat er mir damit sagen wollen, dass ich keine Ahnung von solchen Dingen habe. Der glaubt wohl, dass ich damit ein Problem hätte. Es ist unglaublich, dass jemand versucht, so in meinen privaten Bereich zu schauen und so intrigant zu kritisieren. Das ist ein eindeutiger Angriff, um zu zeigen, dass ich nicht gut genug bin ..." Die Tantra-Lehrerin fühlt sich verletzt, aber das ist ihr Ego und ihr Stolz, die sich verletzt fühlen. Ihr Ego möchte gerne zeigen, dass sie ganz toll ist und kein Problem mit Sexualität hat. Es ist sehr wahrscheinlich, dass sie sich doch etwas Verbesserung wünscht und merkt, dass sie etwas braucht, aber das will sie vor anderen nicht zugeben, weil sie dann ihre Maske der perfekten Tantra-Lehrerin aufgeben müsste.

Eine Frau geht auf eine Party, um dort neue Leute kennenzulernen. Sie hat viel Zeit gebraucht, ein passendes Kleid auszusuchen, und entscheidet sich dann doch für einen kurzen Rock, den sie seit der Schule nicht mehr getragen hat. So gut fühlt sie sich damit aber nicht. Irgendwie ist er zu kurz. Was könnten andere denken. Vielleicht, dass sie sich deswegen so angezogen hat, weil sie Männer aufmerksam machen will. Na ja, was soll's. Einfach ausprobieren. Wenn das gut ankommt, wäre auch nicht schlecht. Auf dem Weg ist sie ein bisschen gestresst, ob der Rock nicht doch zu kurz ist, sie muss ihn ständig runterziehen. Einige Männer gucken schon, als wäre sie leicht zu haben. Das war vielleicht doch keine so gute Idee. Mit diesen Gedanken geht sie auf die Party und trifft auf dem Weg zufällig einen Freund. Er sagt zu ihr: „Wow, du hast dich heute ganz schön schick gemacht. Für wen hast du dich denn so schön aufgemacht?" Er denkt, dass sie einen neuen Freund hat. Die Frau ist entsetzt über seine Reaktion und fühlt sich ertappt: „Was soll das? Kann ich nicht die Sachen anziehen, die mir gefallen? Warum müssen Männer immer denken wie du, dass die

Frauen nur wegen den Männern etwas Schönes anziehen. Bin ich eine Hure oder was? Eins ist klar, das ist bestimmt nicht für dich!“

Anstelle sich zu bedanken und sich über das Kompliment zu freuen, ärgert sie sich und fühlt sich angegriffen und verletzt. Sie glaubt, dass er nur ihren kurzen Rock angesprochen habe, obwohl davon gar nicht die Rede war. Ihr Konflikt zwischen dem Sich-Zeigen und dem, was die anderen über sie denken, erzeugt Spannung und Stress, so dass sie das Kompliment als negativ und verletzend deutet.

Ihr Ego und ihre Maske der „anständigen Frau“ fühlen sich dabei verletzt. Sie glaubt, es sei unangemessen, ihren Körper zu zeigen und das noch für einen Mann. Andererseits ist es genau das, was sie will. Daher gibt es schon beim Aussuchen des Kleides einen Zwiespalt zwischen ihrer Maske und ihrer natürlichen Weiblichkeit. Was das Aussuchen des Rocks betrifft, hat zwar ihr wahres Ich entschieden, jedoch hat es das Ego mit der Maske geschafft, ihr den Spaß zu verderben. Das ist meist jedoch nicht bewusst. Es sieht für die Betroffene so aus, als wäre der Oberbösewicht ganz eindeutig der Mann.

Als Baby war es noch normal, sich nackt zu zeigen und im Pool zu planschen. Doch dann lernen die Kinder irgendwann, dass ein nackter Körper nicht gut sei und dass man anständige Kleidung tragen soll, wenn man in der Gesellschaft Anerkennung bekommen möchte, denn sonst ist man angeblich kein guter Mensch. Das wahre Ich wird so hinter einer Maske versteckt. Trägt man diese Maske lange genug mit sich herum, beginnt man zu vergessen, dass man eine Maske trägt und glaubt irgendwann, dass man das selbst ist.

Man braucht sich nicht verletzt zu fühlen, wenn man hört, die Wohnung sei nicht sauber, das Essen nicht gut oder dass man zu wenig verdient. Das hat mit dem eigenen Selbst gar nichts zu tun. Das sind die Masken, die wir beim Theaterspielen sehen. Wie viele Leute räumen auf, bevor der Besuch kommt, damit der Besuch denkt, dass alles in Ordnung sei? Auch das ist eine Maske.

Das Ego ist nicht unser Herz. Das Herz ist dem vierten Chakra zugeordnet, wo es um Liebe, sich Einlassen, Ja-Sagen und ein Wir-Gefühl geht. Das Ego fühlt sich jedoch im dritten Chakra zu Hause, wo es um rationales und analytisches Denken geht, sowie auch um Macht und Angst. So kann das Ego als Ratgeber für Beziehungen in bestimmten sozialen Situationen zur Analyse herangezogen werden, so wie ein Rechtsanwalt sich in einem Fall verhält, um zu gewinnen. Negativ ausgelebt wird das Ego versuchen, irgendwelche Machtspielchen zu inszenieren, sei es durch Angriffsspielchen, die beleidigte Leberwurst oder durch Angstmacherei. In jedem Fall hat das Ego keine Ahnung davon, wie wir geliebt werden und andere lieben.

Die Probleme, die die meisten Menschen miteinander haben, sind zu 95 % egobasiert, oder das Ego ist stark beteiligt. Was verletzt ist, ist eine Maske, die man trägt, oder eine Rolle, die man spielen möchte. Wenn die Maske verletzt ist, tut das unter Umständen weh. Trotzdem sind wir eigentlich gar nicht verletzt.

Das Ego oder eine verletzte Rolle/Maske kann man nicht heilen. Der einzige Weg zum Glück und zur Liebe ist hier ganz einfach das Absetzen der Maske und das Zurückkehren zur eigenen Ursprünglichkeit. Viele Menschen versuchen jedoch das Gegenteil, indem sie sich noch schöner schminken, um ihre Identität vor sich und anderen weiter zu verschleiern.

Haben Sie schon einmal erlebt, dass Sie etwas vor einigen Jahren ganz wichtig fanden oder sich verletzt fühlten und einige Jahre danach darüber gelacht haben? Das ist ein Zeichen dafür, dass Sie damals eine Maske getragen haben, die Sie inzwischen nicht mehr brauchen. Sie haben es geschafft, diese abzulegen.

Das Ego ist wie eine Maske, und wir tragen viele solcher Masken, jeden Tag. Sie sind in einer bestimmten Situation sehr nützlich, aber wenn jemand anfängt zu glauben, er sei die Maske, dann täuschen wir unser Herz.

Dazu fällt Mark eine lustige Geschichte aus seiner Studentenzeit ein, die er damals aber gar nicht lustig fand. Eines Tages hatte er Besuch von einem japanischen Ehepaar, das er in Japan kennengelernt hatte. Natürlich wusste er vorher, dass sie kommen würden, und hatte daher entsprechend pikobello aufgeräumt und geputzt (Maske des ordentlichen Studenten). So sauber war seine Studentenbude schon lange nicht mehr gewesen! Als sie dann kamen, hatten sie eine lange Anreise hinter sich. Statt dass die Frau sich mit den anderen im Wohnzimmer ausruhte, ging sie schnurstracks in die Küche und begann dort zu werkeln. Nein, sie kochte nicht. Sie begann damit, die Küche komplett aufzuräumen, obwohl diese schon aufgeräumt war (Maske der perfekten Hausfrau). Da es nun nichts aufzuräumen gab, kramte sie das Geschirr aus den Schränken, um es erneut zu spülen. Das ärgerte Mark damals, weil er sich in seiner Rolle als ordentlicher Student verletzt fühlte. Er versuchte ihr klarzumachen, dass dies noch nicht nötig sei, worauf sie erwiderte, dass man diesen Sauhaufen ja nicht so stehen lassen könne … Wenn wir heute darüber nachdenken und diese Zeilen schreiben, lachen wir die ganze Zeit über lauthals. Damals wäre es vielleicht schlauer gewesen, das genauso locker zu sehen und zum Beispiel lachend so zu reagieren: „Soll ich noch die Nachbarn rufen? Vielleicht haben die auch noch Geschirr, das du in deinem Urlaub spülen kannst. Wenn du damit fertig bist, habe ich noch einen Kleiderschrank …"

Jetzt kann es passieren, dass der eine oder andere Leser diese mögliche Antwort für eine große Frechheit hält. Das wäre dann ein Zeichen dafür, dass derjenige nun in eine Trance (einen Zustand eingeschränkter Aufmerksamkeit) gegangen ist, wo eine eigene Maske angesprochen und das Ego verletzt wurde. Sollte dies so sein, bitten wir um Verzeihung, damit diese Maske aufgegeben werden kann. Bewusstsein ist der erste Schritt zur Besserung.

Daher ist es, wenn man sich von jemandem verletzt fühlt, nützlich zu überprüfen, welche Maske da angesprochen wurde, anstelle das Herz selbst krank zu machen, indem man Hassgefühle gegen den anderen kultiviert. Die Fähigkeit, mehr über sich selbst zu lachen, wenn man die eine oder andere Rolle nicht gut gemacht hat, ist ein hervorragendes Spiel. Wenn jemand im Theater die Rolle des „Bösen" spielt, heißt das nicht, dass er ein böser Mensch ist. Jeder Mensch ist ein von der Schöpferkraft gewolltes Wesen.

Und nun kommt wieder die Trommel ins Spiel. Sie ist ein wunderbarer Begleiter auf dem Weg des Herzens. Sie hilft uns, auf unser Herz zu hören – sie hilft unser Herz so zu spüren, wie es ist, ohne Maske, ohne Rolle, ohne Ego, ohne falschen Stolz. Liebe, Herzöffnung, Vergebung, Mitgefühl, wohlwollendes mitmenschliches Verhalten spüren wir dort. Die Trommel stärkt die Herzens-Schwingung und öffnet das Herz zum Himmel.

Der Trommler reitet auf den Winden der Götter und sendet die wahren Wünsche, Träume und Sehnsucht in den Himmel.

Die folgende Übung hilft Ihnen, sich wieder lieben zu lernen und sich so anzunehmen, wie Sie sind.

Vergebungstrommeln

Schauen Sie so oft wie möglich den Vollmond an und stellen sich vor, Sie seien im Mond drin. Manchmal sehen Sie sich lachen, weinen, denken, traurig, fröhlich, begeistert, lustig und hoffnungsvoll.

Suchen Sie sich, nachdem Sie dies eine Weile gemacht haben, für die folgende Übung einen ruhigen Ort, im Wald oder in Ihrer Wohnung. Diese Übung eignet sich bei Vollmond.

Stellen Sie die Trommel vor sich hin und stellen Sie sich auf dem weißen Trommelfell vor, Sie seien da drin.

Schauen Sie eine Weile dort hinein und beobachten Sie, welche Gesichter und welche Gefühle Sie wahrnehmen.

Begrüßen Sie sich dann, indem Sie Folgendes sagen:

„Liebe oder Lieber (Name einfügen),

Ich bin zu dir gekommen, um mich bei dir für etwas zu bedanken, für all das, was du geleistet hast. Das hat mir geholfen, bis hierher zu kommen. Dafür danke ich dir aus ganzem Herzen!" Streichen Sie dann das Fell der Trommel sanft und schenken Sie ihm Ihren heißen Atem, indem Sie auf die Trommel pusten. Spüren Sie anschließend in sich hinein, wie Sie sich dabei fühlen.

Stellen Sie sich dann eine Situation aus Ihrem Leben vor, bei der Sie denken, es wäre besser gewesen, wenn Sie es anders gemacht und sich anders verhalten hätten. Stellen Sie sich in dieser Situation auf der Trommel vor und sagen Sie zu sich selbst: „Ich vergebe dir, dass ich es nicht anders machen konnte. Ich habe all mein Bestes gegeben, was mir damals zur Verfügung stand. Oder ich vergebe mir, dass ich an einem falschen Ort und in der falschen Zeit war." Und streichen Sie wieder sanft die Trommel und legen Sie Ihre Hände einfach dort auf.

„Ich möchte dir die Liebe der Göttin schenken. Möge dies zum Besten des Ganzen wirken."

Fragen Sie: „Wenn es einen Ort auf der Trommel gäbe, wo die Göttin durch die Trommel erklingen könnte, wo wäre das?" Trommeln Sie dann intuitiv in diesem Bereich.

Schauen Sie sich danach noch ein Mal in der Trommel an. Wenn dort Zufriedenheit und ein wohliges Gefühl entstanden ist, dann beenden Sie die Übung, indem Sie sich verabschieden und alles Gute wünschen.

Die Kraft der Trommel

Wir hören gern zusammen Musik. Das emotionale Erlebnis wird in der Gruppe verstärkt und auch das Zusammengehörigkeitsgefühl wird gestärkt. Je mehr Menschen gemeinsam trommeln, umso mehr Kraft und Dynamik entstehen.

Trommeln rufen besonders die Kraft von Mutter Erde und der Spirits des Donners. Mutter Erde ist unsere spirituelle Mutter, die uns Liebe und Geborgenheit schenkt.

Wie kann man ihre Liebe definieren? Eine unendlich fließende, große Wärme des Herzens. Diese Liebe macht jeden so einzigartig schön und liebenswert. In ihrer Liebe zu baden fördert ein wonniges, entspanntes, sinnliches, beruhigendes, freudvolles, sicheres und friedvolles Gefühl.

Durch unser Herz spüren wir ihre Liebe, und diese können wir von dort zu ihr und den Wesen der Welt weitergeben. Dies heilt die Wunden des Herzens, die Neid, Zorn, Wut und Eifersucht verursachen. Damit spüren wir unser Herz viel deutlicher.

Mit ihrer Kraft der Liebe können wir die Dinge machen, die wir für unmöglich halten. Die größte Macht der Welt ist die Liebe. Diese Liebe sollten wir mehr in unserem Alltag spüren. Es gibt eine einfache Methode, um festzustellen, ob das, was wir machen, gut für uns ist. Wenn die Motivation aus der Liebe, Eigenverantwortung und aus Bewusstsein entspringt, dann ist es meistens die richtige Wahl zum glücklichen Leben. Aber wenn es eine aus Angst hergeleitete Motivation ist, geht dies auf die antrainierten Sekundärgefühle zurück. Hier ist es nützlich, das Ganze nochmals zu überdenken.

Hier einige Fragen zur Überprüfung, ob man aus Angst oder Liebe handelt:

Bin ich zu dieser Beziehung gekommen, weil ich Angst hatte, allein zu sein, oder weil ich meinen Partner liebe?
Mache ich diesen Beruf, weil ich Angst habe, sonst nicht leben zu können, oder weil er mir Spaß macht?
Ziehe ich diese Kleidung an, weil ich Angst habe, dass die Leute komisch über mich denken, oder weil ich sie mag?
Verstelle ich meine Meinung, weil ich Angst habe, gemobbt zu werden, oder stehe ich zu dem, was ich bin?

Der Gott Thor ist der germanische Donnergott und schützt uns gegen dunkle Mächte. Er besitzt eine unglaublich große Kraft und manchmal ist er sehr zornig und gibt uns die Botschaft vom Himmel. Er erschüttert uns, wenn wir von destruktiven Gedanken benebelt sind, damit wir wieder unser Herz und das Leben spüren können. Nur der braucht sich vor ihm zu fürchten, der etwas verheimlicht und Ungutes vorhat. Meist ist die Motivation für solch ein Verhalten eine Form von Angst. Wer sich dem Leben und der Liebe hingibt und bereit ist, seine Ängste und Masken loszulassen, dem wird Thor zur Seite stehen.

Die Trommel ist ein nützliches Mittel, wenn man erfrischende Energie in einen Raum bringen und alte, belastende, unseren Geist krank machende Strukturen loslassen möchte. Die Trommel erhöht die Schwingungen und löst depressive Stimmungen. Die Sprache des Trommelns ist sehr einfach und hilft uns, die Dinge so wahrzunehmen, wie sie sind.

Trommeln löst eine rhythmische Erregung im zentralen Nervensystem aus. Diese beeinflusst die elektrische Aktivität in vielen Zonen des Gehirns positiv. Das führt uns in eine tiefe Entspannung, wo unser Körper besser in der Lage ist, sich auf Heilung einzulassen.

Sie erinnert den Körper daran, sich wieder auf die natürlichen, Leben spendenden Rhythmen einzulassen, mitzuschwingen im Tanz des Lebens. Probleme und Krankheiten entstehen im Leben, wenn man nicht nach der natürlichen Ordnung lebt. Manchmal wollen wir etwas erzwingen, damit unser Ego stolz sein kann. Wir können die Samen eines Pfirsichbaumes an jedem beliebigen Ort säen, aber wir müssen warten, bis die Dinge reifen. Das bedeutet, wir können nicht erzwingen, dass morgen die Ernte kommt, sondern müssen warten, bis die Natur die Ernte in ihrem Rhythmus freigibt. Die Kraft der Trommel hilft, Zwänge und Kontrolle in uns zu heilen.

Die Trommel schafft eine Brücke von Mensch zu Mensch, zur Natur, zur Mutter Erde und zu anderen Lichtwesen. Diese Brücke bauen die Schamanen mit der Sprache der Trommel auf. Daher ist die Trommel gut geeignet für schamanische Astralreisen.

Wenn in einer Beziehung Spannung entsteht, hilft die Improvisation mit der Trommel, die Anspannungen zu lösen, und stärkt das gemeinsame Leben in der Beziehung und in einer Gruppe. Durch ihren spielerischen Aspekt lockert sie die Stimmung. Jeder stimmt sich auf den anderen ein und lernt, sich von den Impulsen der anderen inspirieren zu lassen. Es ist erstaunlich, wie zwar der gemeinsame Anfang schwer fällt, und dann nach und nach harmonisch passende Musik entsteht. Das Klangerlebnis zeigt den Fortschritt der gemeinsamen Harmonie.

Improvisierendes Trommeln bedeutet, dass man nicht einfach trommelt, was man vorher gelernt hat, sondern spielt, indem man ohne nachzudenken Tempo, Betonung, Tonhöhe ändert. Die Reize der Änderung bekommt man intuitiv, während man trommelt. Das ist eine blitzschnelle Reaktion des Körpers, eine überraschende Verhaltensweise, die man sonst nicht so kennt. Man spielt normalerweise, was man gelernt hat. Diese Art zu trommeln ist etwas Anregendes und wirkt ermunternd. Aber für einige Menschen wirkt es beängstigend, weil sie darüber nachdenken, ob sie es richtig machen. Dann schaltet sich das Bewusstsein ein und stört das intuitive Spielen, und die Befürchtung, dass es nicht klappt, verwirklicht sich.

Wir kennen dieses unsichere Gefühl sehr gut von unseren Schülern. Die Fähigkeit des intuitiven Handelns hat jeder in sich. Die Frage ist nur, inwieweit man bereit ist, das Kontrollieren-Wollen loszulassen und sich einfach dem hinzugeben, ganz wie der Körper es für richtig hält. Diese Art des Trommelns hilft, den kreativen Umgang im alltäglichen Leben umzusetzen, und fördert Flexibilität.

Manchmal fällt es uns schwer, etwas Neues auszuprobieren. Das ist sehr beängstigend. Lässt man seine sichere Position los, könnte etwas passieren.

Ja, richtig. Im Leben passiert tatsächlich etwas. Wie oft hören wir von unseren Bekannten, dass sie dies und jenes in ihrem Leben machen wollten, aber es aus vielen Gründen doch nicht taten?

Es ist manchmal sehr vorteilhaft, sich unsicher zu fühlen, weil man dadurch besser lernen kann. Wir behalten eine Meinung so lange, bis eine bessere kommt. Wer in seiner Meinung festgefahren ist, wird meist unflexibel und isoliert.

Wir trommeln gern mit anderen Menschen, weil sie uns neue Wege öffnen und uns inspirieren, obwohl wir oft selber schon länger trommeln als sie. Wenn wir aufhören würden zu lernen, könnten wir uns nicht weiterentwickeln und nicht die schönen Dinge erfahren, die da auf uns warten.

Entspannung und Meditation

Schamanisches Heiltrommeln ist dafür da, unseren Geist daran zu gewöhnen, einfach dabei zu sein und zu entspannen. Während des Trommelns wird das Bewusstsein mit dem Unterbewusstsein in Kontakt treten, was mit der Intuition und wichtigen Körperfunktionen und Entspannung zu tun hat. Der Körper macht Bewegungen, und der Geist ist vollkommen hier und jetzt. Mit der Handlung, die man tut, eins und in Harmonie sein. Wenn man dies regelmäßig tut, wird die innere Haltung, hier und jetzt zu sein, zur Gewohnheit werden. Dort geschieht das Leben. Dort ist es auch genau, wo die Engel und Schutzengel sich bei uns melden.

Viele Lichtwesen und Schutzengel wollen uns kontaktieren und uns ihre Kraft und Weisheit geben. Diese Botschaft können wir dann empfangen, wenn wir die Augenblicke des Seins achten. Das passiert in jedem Moment. Was genau das Schamanische Heiltrommeln vom einfachen Trommeln unterscheidet, ist die Anwendung und die spirituelle Komponente. Wie ein Spaziergang im Wald mit und ohne Energiearbeit. Der Wald ist in mehrere energetische Zonen aufgeteilt, in denen man mit Hilfe des Hüters des Waldes immer tiefere Gefilde des Waldes kennenlernen und heilsame spirituelle Erfahrungen machen kann. Sobald man mit einem bestimmten Zweck in eine tiefere Ebene des Waldes eintritt, ist dort eine völlig andere Stimmung und es ist voller Wunder.

Die spirituellen Erfahrungen sind dafür da, dass wir unseren Alltag besser bewältigen können und die Dinge nutzen, die uns zur Verfügung stehen. Daher ist es beim Trommeln sehr wichtig, es mit Meditation zu unterstützen, damit die Erfahrungen in die richtige Bahn gelenkt werden. Die Meditation hilft, in das Hier und Jetzt zu kommen. Dies ist ein Zustand des Geistes, wo nichts anderes als das Jetzt geschieht, frei von Furcht, Sorgen und Zorn. Im Usui-Reiki gibt es einige Lebensregeln, die u.a. lauten: „Nur heute ärgere Dich nicht" und „Nur heute sorge Dich nicht". Wem das gelingt, der ist im Hier und Jetzt, weil die Sorgen sich meist auf die Zukunft und der Zorn sich meist auf die Vergangenheit bezieht. Schamanisches Heiltrommeln hilft, besser zu meditieren, weil Trommeln die Blockaden lösen, an Zorn und Sorgen festzuhalten.

Trommel-Meditation

Setzen Sie sich, nachdem Sie eine Weile getrommelt haben, bequem an einen ruhigen Ort.

Atmen Sie dabei in Ihr Hara.

Stellen Sie sich das Fell Ihrer Trommel in silberner Farbe in Ihrem Herzen vor.

Richten Sie, wenn zwischendurch andere Gedanken kommen, die Aufmerksamkeit kurz darauf und kommen Sie zur Übung zurück.

Der Trommel-Pfad

Manche werden während des Trommelns Anspannung im Körper in verschiedenen Muskelbereichen und Steifheit in den Händen wahrnehmen. Die Ursache dafür ist einerseits, dass man nicht weiß, wie man richtig schlägt, oder zu viel Kraft gibt. Ein weiterer Grund könnte eine zu niedrige oder zu hohe Stellung der Trommel sein. Beim Trommeln werden einige Muskeln benutzt, die man im Alltag nicht trainiert. Das ist dann ähnlich wie Muskelkater. Durch regelmäßiges Üben sollte sich dies mit der Zeit verbessern.

Ein weiterer Grund für die Anspannung im Körper kann auch eine Art Kontrollzwang sein. Sobald einige Rhythmen verinnerlicht wurden, werden die Trommelbewegungen schneller. Dafür ist es wichtig, Spannung in den Muskeln und die Kontrolle loszulassen. Versucht man jedoch die Kontrolle aufrechtzuhalten und trotzdem schnell zu trommeln, führt dies in der Regel zu noch mehr Anspannung. Interessanterweise taucht diese Anspannung dann genau an den Reflexzonen auf, die in Zusammenhang mit Lebenssituationen stehen, in denen gerne kontrolliert wird. Wer in seinem Alltag viel kontrolliert, wird dies auch mit der Trommel versuchen. Jedoch ist das nicht möglich. Wem es gelingt, beim Trommeln loszulassen, wird dies auch in seinem Alltag besser tun können. Beim Trommeln geht es darum, die Kontrolle loszulassen, so dass ein neuer Raum für das kreative, entspannte und intuitive Trommeln entsteht.

Ein weiterer Grund für die feste Überzeugung, nicht musikalisch zu sein, besteht darin, dass man nicht so schnell vorwärtskommt, wie man will. Man frustriert und kritisiert sich selbst, weil man sich mit anderen vergleicht, ohne zu schauen, was in einem selbst schlummert.

Wir sind der Meinung, dass wir alle musikalisch sind. Natürlich kann der eine oder andere schneller lernen, doch hat dies nicht immer etwas mit Talent zu tun. Denn das Talent reicht nicht aus, um gut zu werden. Vielmehr ist es die Umgebung, persönliche Begeisterung, stetiges Engagement und Unterstützung von außen.

Obwohl wir alle so unterschiedlich sind und verschiedene Bedürfnisse haben, lernen wir meistens auf die gleiche Art und Weise. Es ist Glücksache, wenn jemand die Methode, die gerade angewandt wird, besonders gut kann.

Jeder braucht seine individuelle und passende Vorgehensweise, wie man seine Talente entdeckt und ausleben kann. Warum kommen wir, obwohl wir nicht seit der Kindheit so viele Stunden mit Musik zu tun hatten wie manch berühmter Musiker, auf die Idee, nach einer Stunde Trommeln zu sagen: „Ich bin nicht musikalisch.“? Vielleicht wurden manche von den Eltern gezwungen, zu einer Musikschule zu gehen, obwohl sie zu der Zeit auf etwas anderes Lust hatten. Die Erwartung der Eltern, in der Gesellschaft angesehen zu sein, hat uns blockiert, natürlich und lustvoll zu lernen.

Es gibt ein Prinzip des Lernens. Nämlich Lust. Damit kann man viele Dinge leicht erreichen und kreativ sein. Lustvoll gelerntes Wissen ist abrufbar, wenn wir es brauchen.

Wie entsteht die Frustration bei der Trommel?

Manche denken: „Es klappt bei mir nicht; wie schon meine Eltern und Lehrer von mir gesagt haben, bin ich nicht musikalisch. Aber ich möchte beweisen, dass ich doch gut bin. Weil ich ein guter Mensch sein möchte. Warum mache ich so viele Fehler?"

Beim Trommelnlernen gibt es keine Fehler im Sinne von richtig oder falsch. Jeder plötzlich anders gespielte Rhythmus mit einem so genannten „Fehler" ist eine wundervolle Ergänzung zur Vollkommenheit. Dies führt zu der unbegrenzten Welt der Rhythmen und Klänge. Jeder Ton ist einzigartig. Wenn aber das, was jemand geschaffen hat, als Fehler bezeichnet wird, bedeutet das, dass das, was wir machen, nichts wert ist. Wir kritisieren uns mehr, als dass wir uns loben.

Dieses Phänomen entsteht durch Prägungen oder Erfahrungen aus der Kindheit. „Man muss hart arbeiten, und dann wird es belohnt." So schlägt man zu hart auf die Trommel, weil man glaubt, nur wenn man hart trommelt, sei das gut. Solche Glaubenssätze und Gewohnheiten sind ein Hindernis.

Beim Trommeln geht es um die Lebensfreude, die man ohne harte Arbeit, auf natürliche Weise, bekommen kann. Man lernt mit Freude. Wenn man sich beim Trommeln nicht entspannt, bedeutet dies, dass dort einige Blockaden vorliegen, die verhindern, richtig und intuitiv zu lernen. Diese kann man schwer mit dem bewussten Geist lösen. Aber mit der Hilfe des Trommel-Pfads kann man einen Zustand der Entspannung erreichen. Darüber hinaus wird man genügend Ressourcen bekommen, um die Trommelfähigkeit zu stärken. Weitere Hilfen dafür sind in diesem Buch ausführlich beschrieben. Hier die Übung zum Trommel-Pfad:

Trommel-Pfad-Übung

Frage: „Wenn es hier einen Ort gäbe, wo ich entspannt, intuitiv und gut trommeln kann, wo wäre dieser?"

Bewegen Sie sich langsam dorthin.

„Was brauche ich für meine Entspannung und Gelassenheit während des Trommelns, damit ich meine Trommelfähigkeit stärken kann?"

Beschreiben Sie, wie das Erste, was Ihnen einfällt, aussieht, welche Farbe und Oberfläche es haben könnte. Wenn es einen Klang hätte, wie wäre der? Wenn es einen Geschmack hätte, wie wäre der? Es kann ein Symbol sein, aber auch ein Gegenstand.

Tun Sie alles, was Ihnen dazu einfällt, in einen am Boden visualisierten energetischen Kreis und sehen Sie, wie es hell leuchtet. Steigen Sie danach in den Kreis ein und ziehen Sie ihn sich wie einen Mantel über und integrieren ihn im Hara. Trommeln Sie am besten dort.

Stärkung und Reinigung der Aura

Wenn Sie richtig eine Weile mit Spaß getrommelt haben, dann wird um die Trommel herum ein Energiefeld entstehen. Dieses Feld kann unterschiedlich groß sein, manchmal so groß, dass es den ganzen Raum erfüllt oder gar eine ganze Wohnung. Dies ist etwas Erfrischendes, als hätte man gerade geduscht. Einige Blockaden werden in Ihnen aufgelöst und reinigen sich. Diese Energie kann man spüren, wenn man sich darauf einlässt. Als Spürübung kann man bewusst aus dem Kreis hinausgehen und an einem anderen Ort verweilen und den Unterschied spüren.

Dabei sind unsere Aurafelder in dieser Schwingung. Wir haben vier kommunikative energetische Felder. Die Aura ist ein Energieorgan, zuständig für die Kommunikation zwischen Mensch und Umwelt. Am dichtesten am physischen Körper liegt der Ätherkörper. Dort wird durch Trommeln ein Reinigungsprozess in Gang gesetzt. Die im Muskel gespeicherten Blockaden in Form von Verspannungen werden durch freudvolle, tanzende Handbewegungen und heilende Klänge ihren Halt verlieren.

Man kann sich die Aura vorstellen wie einen Mantel, der uns umgibt und uns mit der Außenwelt verbindet. Sie ist ein Energiefeld, wo Energien und Informationen durchgelassen, festgehalten und zwischengespeichert werden.

Jede Eigenschaft kann sowohl Nutzen als auch Schaden mit sich bringen. Daher spielt die Aura für die spirituelle Heilung und Entwicklung eine bedeutende Rolle.

Ständig werden viele Informationen und Energien zwischen Außenwelt und einem selbst gespeichert und ausgetauscht. Die vielen Energien, die täglich auf uns einströmen, werden im Idealfall zunächst aufgehalten, analysiert und dann weitergegeben.

Eigene Energien werden über die Aura an die Umwelt weitergegeben. Schwer verdauliche Informationen und traumatische Erfahrungen werden sowohl am Körper als auch in der Aura gespeichert. Das ist der Grund, warum wir immer wieder so lange über ein Thema nachdenken, uns davon genervt fühlen und es nicht loslassen können. Das kann ein Hinderungsgrund sein, glücklich zu sein.

Täglich kommen viele verschiedene Energien in den Raum, wie Gedanken, Arbeit aus der Firma, ein Besuch, eine Party, und es finden dort viele Gespräche und Ereignisse statt. Es gibt Räume, in denen wir uns wohl oder weniger wohl fühlen. Es gibt Räume, in denen wir gut oder weniger gut schlafen oder sogar Alpträume erleben. Es gibt Räume, in denen wir uns eingeladen fühlen, aktiv dies und jenes zu machen, und an einigen Orten wollen wir nur still sitzen oder lieber gleich verschwinden.

Diese verschiedenen Wahrnehmungen und Gefühle werden durch Kommunikation zwischen der Aura und dem Raum ausgelöst. Wenn in einem Raum ein Streit stattgefunden hat, bleiben die Echos im Raum. Das hindert daran, auf konstruktive Gespräche zu kommen. Trommeln reinigt den Raum und ruft frische Energien in ihn. Damit können wir die Luft im Raum in eine neue Struktur bringen und umherschwebende, unerträgliche Energien wegtrommeln. Es ist gut für das Feng-Shui. Einen Raum zu schaffen, in dem wir kreativ und freudvoll leben können, wäre ideal für unsere Entwicklung.

Trommeln ist nicht dafür geeignet, Wut und Aggression abzubauen. Dafür sind andere Dinge gut, aber nicht die Trommel, mit der man viele schöne Dinge erlebt und die man zum Heilen der Seele anwendet. Trommelt man seine Wut in die Trommel, wird der negative Hall umso stärker. In einem unangenehmen Gemütszustand also Finger weg von der Trommel!

Das ist genau wie in einer Liebesbeziehung – erst einmal runterkommen und dann in einem ruhigen Gemütszustand mit dem Partner reden, weil sonst die Situation eskalieren kann. Man sollte seine Wut nicht am Liebenden ablassen.

Laden Sie das Krafttier Frosch in den Raum ein. Er ist für frische Energie und Reinigung zuständig.

Wenn die Aura gut entwickelt ist, kann das sehr nützlich sein, um sich von disharmonischen Einwirkungen, von unverträglichen Energien und

Informationen zu befreien. Das heißt, weniger Nervereien und Stress, weil man nur die Energien hereinlässt, die wahrlich Nutzen bringen.

Es gibt vier Aurafelder, wobei jedes Einzelne für bestimmte Aufgaben und Qualitäten da ist.

Die vier Aurafelder

Der Ätherkörper: Dieser Teil der Aura ist dicht am Körper gelegen. Hier sind Informationen über die körperliche Struktur enthalten. Nährende Energien der Umwelt werden hier aufgenommen und im Körper verteilt.

Das heißt zum Beispiel:

Wer sich in einer Umgebung unwohl fühlt, wird diese Energie im Ätherkörper speichern und in der Muskulatur leicht Verspannungen haben.

Der Emotionalkörper: Dieser Bereich der Aura schließt einfach ausgedrückt nach außen an den Ätherkörper an.

Hier werden Gefühls- und Instinktenergien aller Art kommuniziert. Einige davon werden im Emotionalkörper zwischengespeichert und dann in verschiedene Bereiche des Körpers geleitet.

Werden Gefühle nicht ausgedrückt, bleiben sie in diesem Bereich der Aura hängen, was eine Ursache für psychosomatische Symptome sein kann. Dazu gehören Muskelverspannungen, stressbedingte Magenschmerzen, Lendenwirbelsäulen- sowie Schulter- und Nackenprobleme.

Um diesen Problemen vorzubeugen bzw. um sie zu heilen, sind regelmäßige Aura Clearings sehr empfehlenswert.

Der Mentalkörper: Hier geht es um die bewussten und unbewussten sachbezogenen Denkprozesse sowie auch um die Denkgewohnheiten. Im Mentalkörper werden zum Beispiel Wertungen und moralische Vorstellungen kommuniziert und zwischengespeichert.

Unkonstruktiv ausgelebte Gedankenmuster können hier hängenbleiben, was dazu führen kann, dass man immerzu negativ denkt. Das, was wir im Außen erleben, ist lediglich ein Spiegel aus dem Inneren.

Der spirituelle Körper: Hier werden spirituelle Dinge kommuniziert. Es geht dabei um den eigenen Weg, die eigene Vision. Außerdem gibt es hier einen Bezug zu Gruppen und Gemeinschaften, wie diese zusammenarbeiten, und es konstruktiv ausgelebt für alle Beteiligten angenehm ist.

Über dieses Aurafeld verbindet sich der Mensch mit der Schöpferkraft und mit den dazugehörigen Lichtwesen. Wer besonders feinfühlig und sensibel ist, viel Energiearbeit und Orakelarbeit macht, kann seine Fähigkeit in diesem Aurafeld stärken.

Bis zu einem gewissen Grad hat jeder Mensch eine mehr oder minder starke bewusste Wahrnehmung über die Aura. Das merken Sie besonders in den Situationen, in denen Sie den Eindruck haben, dass irgendetwas in einem Raum oder mit einer Person nicht stimmt.

Vielleicht haben Sie es auch schon einmal erlebt, dass Sie jemanden kennengelernt haben, wo der erste Eindruck nicht so ganz in Ordnung war, als Sie die Person aber näher kennenlernten, war das Verhalten dieser Person ganz anders. Erst nach langer Zeit stellte sich dann heraus, dass Ihr erster Eindruck Sie nicht getäuscht hatte und dass das offensichtliche Verhalten jener Person nur ein aufgesetztes Spiel war.

Vertrauen in eine Person hat also auch etwas mit feinstofflicher Wahrnehmung über die Aura zu tun.

Je nachdem, wie wir selbst geprägt wurden, kann so mancher Eindruck aber auch täuschen, da für einen Menschen oft unpassende, übernommene Prägungen (Besetzungen in der Aura) die eigene Wahrnehmung und Ausstrahlung so beeinflussen können, dass man sich zu leicht täuschen lässt und dazu immer wieder die gleichen nervenden Situationen und Menschen anzieht.

Wir lernten einmal eine Frau kennen, die anfänglich ganz begeistert von uns war. Wir verstanden uns gut und unternahmen einiges zusammen. Ihr und unser erster Eindruck war positiv, und so entwickelte sich da etwas. Dann tauchte jedoch ein anderer Mann auf, der großes Interesse an ihr hatte. Mit einigen Intrigen und schwarzer Rhetorik gelang es ihm, dieser Frau klarzumachen, dass der Kontakt zu uns nicht günstig sei. Wie ihr erster Eindruck bei ihm war, entzieht sich unserer Kenntnis, jedoch hatte sie schließlich den Eindruck, von uns negative Energien zu bekommen und wurde sodann immer unfreundlicher. Schließlich sprach sie uns darauf an, dass sie sich immer, wenn einer von uns auftauchte, schlecht fühle. An diesem Beispiel erkennt man genau den Zusammenhang zwischen echter feinstofflicher Wahrnehmung und der Wahrnehmung einer psychischen Besetzung durch andere.

Ein weiteres Beispiel aus dem Alltag vieler Menschen: Wie viele Bekannte kennen Sie, die immer wieder die gleiche Art von Partner auswählen?

Am Anfang ist alles toll. Der neue Partner scheint ganz anders zu sein als die Partner davor, mit denen man immer wieder die gleichen Probleme hatte. Doch der Schein trügt. Irgendwann, wenn man fest genug zusammengewachsen ist, machen sich auf einmal Probleme und Charakterzüge bemerkbar, die den vorherigen Partnern sehr ähneln, auch wenn der neue Partner ganz anders aussieht und die anderen gar nicht kennt. Und so geht der alte Frust wieder von Neuem los, bis manche denken, dass es erstmal reicht mit der Partnerschaft ... Das ist dann mehr Frust als Lust.

Zu solchen Situationen kommt es auch in anderen Lebenslagen immer dann, wenn wir uns den Ursachen nicht bewusst sind, und wenn sogenannte in der Kindheit aufgebaute Sabotageprogramme und Übertragungen in den Aurafeldern festsitzen, die uns das Leben versalzen.

In der schamanischen Geistheilung gilt es hier, Bewusstsein zu schaffen, indem man ein Orakel wie die Chakra-Energie-Karten oder das I Ging nach dem spirituellen Lernthema befragt, um das Thema zu bewältigen.

Aura und Chakren sind Organe, die zum menschlichen Energiesystem gehören. Sie spielen bei der spirituellen Heilung und Persönlichkeitsentwicklung eine besonders ausgeprägte Rolle.

Mit Hilfe der folgenden speziellen Übungen kann man sie reinigen und stärken. Ein Aura Clearing ordnet einerseits die Strukturen der Aura, um sie zu stärken, und entfernt festgesetzte Energien, die dem Menschen Kraft rauben und ihn irritieren.

Die Reinigung der vier Aurafelder

Für diese Übung brauchen Sie nicht mit den Augen sehen, wo die Aura genau liegt. Es reicht völlig aus, sich die jeweiligen Aurafelder mit der Absicht der Heilung vorzustellen.

Der Ätherkörper liegt direkt über dem Körper, in etwa 10-15 cm Abstand. Die anderen drei Aurafelder liegen aneinander mit jeweils ca. 10-20 cm Abstand. Der jeweilige Abstand kann von Mensch zu Mensch unterschiedlich sein. Wird man Lehrer für den White Feather Schamanismus, lernt man, seine Aura so weit auszudehnen, dass die Schüler sich darin aufhalten können. Das fördert ihr Wohlbefinden, weil die spirituelle Heilung angeregt wird, und es kann besser für sie gesorgt werden.

Begeben Sie sich in einen ruhigen Raum und zünden Sie eine Räucherung an, um die Stimmung zu erhöhen.

Halten Sie die Hände vor dem Herzen zusammen und bitten Sie die Große Göttin der Mutter Erde um Hilfe, Führung, Heilung und Reinigung für die Aura.

Für diese Übung laden wir zusätzlich Senju Kannon (die esoterisch-buddhistische tausendarmige Göttin) ein, weil sie viele Werkzeuge in ihren tausend Armen hat, um jedem Menschen individuell zu helfen. Vielleicht fragen Sie sich, was denn der Buddhismus mit Schamanismus zu tun hat. Nun, wenn man die Geschichte genau anschaut, kommt der Ursprung des Buddhismus aus dem alten Brahmanismus, der wiederum auf die Veden zurückführt und die wiederum auf den Schamanismus.

Außerdem sind die Buddhas, Engel, Götter und Devas nur kulturbedingte, archetypische Erscheinungen der Lichtwesen. Ihre Namen klingen etwas anders, aber ihre Aufgaben sind meistens sehr ähnlich.

Halten Sie dann vor Ihre Stirn die Mudra der Senju Kannon (Gasshô, zusammengelegte Hände). Stellen Sie sich die Göttin in weiß-goldenem Licht vor, wie sie direkt vor Ihnen erscheint. Begrüßen Sie sie herzlich und bitten Sie um Schutz, Hilfe und Führung, damit Sie viele Dinge, die keine aktuelle Bedeutung mehr haben und Sie hindern, glücklich zu sein, loslassen können.

Halten Sie die Mudra vor Ihrem Herzen und stellen Sie sich dabei vor, dass in Ihrem Herzen eine Lotusblüte heranwächst. Sagen Sie dann, dass Sie aus ganzem Herzen Heilung wünschen und bereit sind, all die Dinge zu tun, die zur Verbesserung in Ihrem Leben beitragen und im Sinne der göttlichen Ordnung sind.

Bleiben Sie einige Minuten in dieser Position, bis Sie merken, dass Ihr Atem immer langsamer wird, und dass Sie sich in einen meditativen Zustand hineinbegeben.

Beginnen Sie dann erst mit der Reinigung des Ätherkörpers, indem Sie die Finger darüberhalten. Stellen Sie sich Ihr Aurafeld und den Ätherkörper in Licht vor und schnippen Sie ein Mal. Sagen Sie dabei bitte laut und deutlich: „Aurafeld Ätherkörper". Durch diese aufmerksame Handlung erreichen Sie die Ebene des energetischen Körpers und alles rundherum ist ausgeblendet. Achten Sie darauf, vollkommen dabei zu sein, das Fingerschnipsen sollte klar und hell klingen. Das ist ein Zeichen, dass Sie das Richtige erwischt haben.

Fangen Sie dann an zu trommeln. Lassen Sie die Rhythmen kommen, die für die Reinigung des Ätherkörpers gut sind. Beobachten Sie dabei, wie Sie sich fühlen. Machen Sie dies so lange, bis Sie den Eindruck haben, dass es soweit ist. Wenden Sie dann die gleiche Methode für die anderen Aurafelder an.

Schreiben Sie gegebenenfalls die Eindrücke oder Bilder auf, die Ihnen während der Trommelheilung in den Sinn gekommen sind. Dann werden einige Dinge klarer und verständlicher.

Wirkungsbeispiele für eine Aura- und Chakra-Reinigung

Die Reinigung des Ätherkörpers hilft Ihnen unter anderem ...

... alle für Sie unbrauchbaren Lebenskräfte vollständig und freudig an die Schöpfung zurückzugeben, so dass Platz für Neues geschaffen wird.

... Ihre feinstoffliche Wahrnehmungs- und Handlungsfähigkeit zu entwickeln, weil die die Wahrnehmung behindernden Blockaden geheilt werden.

... nur von für Sie zuträglichen und wachstumsfördernden Energien Ihrer Umwelt erreicht zu werden.

Die Reinigung des Emotionalkörpers hilft Ihnen unter anderem ...

... alle Gefühlsenergien loszulassen, die keine aktuelle Bedeutung mehr für Sie haben.

... nur von Gefühlsenergien anderer Wesen erreicht zu werden, die für Ihre Entwicklung nützlich sind.

Die Reinigung des Mentalkörpers hilft Ihnen unter anderem ...

... den Durchblick zu bekommen und klar denken können.

... Ihre Gedanken liebevoll und aufrichtig Ihrer Umwelt mitzuteilen.

... alle Gedankenenergien, die Ihre Entwicklung behindern, gehen zu lassen.

Die Reinigung des Spirituellen Körpers hilft Ihnen unter anderem ...

... die heilende Gegenwart Gottes zu spüren.

... die unendliche Kraft eines reichen Universums durch Sie heilend in die Welt hinauszufließen zu lassen.

... alleine oder in Gruppen mit einem großen gemeinsamen Ziel den richtigen Weg zu finden.

Die Reinigung der Chakren hilft Ihnen unter anderem bei ...

... der Wegfindung

... der Kommunikation

... der Vergebung

... der Organisation

... der Lust

... dem Geld verdienen

Diese Form der Heilung ist schamanische Geistheilung, und über diese Energieorgane werden Körper, Seele und Geist organisiert und beeinflusst.

Chakraheilung mit der Trommel

Wenn man auf dem Stuhl sitzt und die Trommel davor stellt, steht die Trommel ungefähr auf der Höhe zwischen Schritt und Bauch. Dort befinden sich die energetischen Organe erstes und zweites Chakra. Bei diesen Chakren geht es um Vitalität, Überlebenskraft, Lebensfreude, Gefühle, Sexualität und Sinnlichkeit. Beim Trommeln werden diese Chakren besonders angesprochen und aktiviert.

Ein Chakra ist ein Energiezentrum zwischen materiellem und energetischem Körper, Geist und Seele, wo man Informationen über den Zustand eines Menschen herausfinden kann. Es gibt sieben Haupt- und viele Nebenchakren. So wie wir unseren Körper mit Nahrung und Sport pflegen, um gesund zu leben, können wir auch die energetischen Zentren mit spiritueller Energiearbeit unterstützen, damit wir unsere Talente und Ressourcen nutzen können.

Jedes einzelne Chakra ist ein Tor sowie auch ein Bindeglied zu den unterschiedlichsten Bereichen des Menschen wie Körper, Seele und Geist. Alle Lebensthemen werden in ihnen abgebildet. Über die Zustände eines Chakras kann man viele Informationen bekommen, wie es einem Menschen zur Zeit geht und wie er mit einzelnen Themen umgeht.

Die Hände bewegen sich mit verschiedenen Tempi elegant und frei auf der Trommel. Viele Akupunkturpunkte auf den Händen werden aktiviert und fördern die Blutzirkulation.

In den Händen befinden sich die Nebenchakren der Handteller, in denen es darum geht, etwas im Leben zu begreifen. In manchen Dingen können wir den Sinn finden, warum gerade dies und jenes passiert, welche spirituelle Bedeutung eine Begegnung mit Menschen, Kommentare, Erfolg in der Arbeit, Reisen, Essen, Misserfolg, Krankheit und Unfälle haben.

Die Ellenbogen sollen bei dieser Übung ganz locker sein, um die Energie frei fließen zu lassen. Die Ellenbogen haben die Nebenchakren der Abgrenzung und aufrichtigen und liebevollen Ablehnung. So schafft man einen eigenen Raum für sich, um sich geborgen zu fühlen und die eigene Mitte zu stärken.

Das dritte Hauptchakra, am Solarplexus, wird ebenfalls aktiviert. Dort geht es um die Fähigkeit, „Nein" zu sagen. Bewegen Sie während des Trommelns die Hände, und machen Sie etwa auf dieser Höhe tanzende Bewegungen.

Das Trommeln als kreative Ausdrucksmusik versetzt uns in die Lage, die Kraft und Qualität aus dem ersten und zweiten Chakra über das dritte Chakra, wo die Gestaltung des eigenen Lebens organisiert wird, in den verschiedenen Lebenssituationen konstruktiv nutzen zu können.

Wenn man mit vielen Menschen zusammen trommelt, wird das vierte Chakra gestärkt, wo es um Liebe, Familie, Gruppen und Harmonie geht. Dabei singt man gemeinsam schamanische Lieder und stärkt somit durch Trommeln, Singen und Tanzen das fünfte Chakra, wo es um Kreativität, Ausdruck und Medialität geht.

Mit der Hilfe und Führung der eingeladenen Lichtwesen wird unser sechstes Chakra, das mit unserer Vision und unserem Lebensweg zu tun hat, hell erleuchtet.

Das Trommeln hilft uns, die Gefühle frei zu lassen, die eigene Mitte und Überlebenskraft in den Bereichen Gesundheit und Beruf zu stärken. Damit können wir es schaffen, das Leben glücklich zu gestalten.

Nach einer Trommelmusik ist es gut, nicht sofort aufzustehen. Das ist, als wenn man morgens vom Wecker aufgeweckt wird, aufspringt und einem dabei schwindelig wird und man sich wieder setzen muss.

Nehmen Sie sich ein wenig Zeit für eine Nachruhe. In dieser Zeit passieren viele Dinge, die für Sie nützlich sind. Vielleicht fällt Ihnen etwas Gutes ein für Ihr Projekt, oder Sie gönnen sich einfach eine Entspannung.

Halten Sie eine oder beide Hände über die Trommel und spüren Sie, was sich in Ihren Händen tut. Bald spüren Sie ein vibrierendes oder pulsierendes Gefühl in den Händen. Bewegen Sie die Hände langsam hoch und langsam wieder runter über die Trommel, so dass sie das Trommelfell nicht berühren.

Halten Sie eine Hand auf die Mitte der Trommel und die andere Hand für einige Minuten vor das sechste Chakra, bis Sie energetisch etwas wahrnehmen. Machen Sie danach das Gleiche mit den anderen Chakren.

Somit übertragen Sie die Kraft der Trommel. Das wirkt besonders gut, um kreative und abwechslungsreiche Klänge und Rhythmen aus Ihnen herauszubringen.

Sensible Menschen spüren den Energiefluss zwischen den Händen und Chakren. Leichte Schultern, frei schwingende Hände und ein entspannter Gemütszustand stellen sich dabei ein.

Trommeln und Ley-Lines

Der Klient liegt bequem auf dem Rücken und denkt während der Trommelbehandlung an ein Thema, damit die Energie dahin geht, wo die Aufmerksamkeit ist.

Rufen Sie die Göttin und bitten Sie sie um Hilfe, dass sich durch das Fell ein Tor zu ihr öffnen möge, damit ihre heilenden Energien durch die Trommel übertragen werden können.

Stimmen Sie dann Ihre Trommel auf den Klienten ein, indem Sie eine Hand über die Trommel und die andere Hand über das dritte Chakra des Klienten halten. Lassen Sie die Hände zwei bis drei Minuten dort.

Schnipsen Sie mit der Hand über der Trommel und stellen Sie sich dabei vor, dass ein Licht-Faden aus der tiefsten Erde über der Trommel entsteht. Schnipsen Sie danach mit der Hand über das Chakra, welches die Heilung benötigt, und sagen Sie laut den Namen des zu behandelnden Chakras. Bringen Sie dann den Faden zu dem Chakra und verankern Sie ihn dort.

Wenn dort eine Verbindung zwischen Trommel und Chakra entsteht, kann die Trommelheilung beginnen.

Bitten Sie dann Ihr Inneres Kind darum, die Rhythmen und Klänge zu erzeugen, die Ihr Klient braucht.

Bringen Sie, wenn die Behandlung vorbei ist, den Faden sanft zurück zur Trommel und bedanken Sie sich bei der Göttin für die Unterstützung der Heilung.

Trommel-Kraftball

Wenn man lange und freudvoll trommelt, dann entsteht ein starkes Energiefeld, das durch den Klang und die Bewegung der Hände aufgebaut wird. Wenn man sich an schöne Dinge erinnert, fühlt man sich kraftvoll, entspannt und freudvoll. Hier geht es darum, die Energie der schönen Erinnerung und der Trommel in einen Ball zu bringen, so dass dieser Ball stark wird, damit wir mit dem Ball gut durch das Leben gehen können.

Trommeln Sie eine Weile freudvoll. Halten Sie dann die Hände über die Trommel. Bewegen Sie die Hände so leicht, als wollten Sie mit Wolken spielen. Stellen Sie sich danach vor, dass zwischen den Händen ein Ball entsteht, der weiß-orange leuchtet.

Nehmen Sie ein Thema, einen Abschnitt oder einen Film aus dem Leben, wo Sie sich sehr glücklich gefühlt haben, voller Freude und Kraft. Um eine noch stärkere Resonanz zu erzeugen, können Sie dieses Bild dreimal aufblitzen lassen. Hüllen Sie dieses Bild in ein goldenes Leuchten ein.

Lassen Sie den Ball einige Minuten über der Trommel. Jetzt werden wir diesen Ball mit schönen Klängen und Rhythmen nähren, damit er immer mehr Kraft bekommt und hell leuchtend größer wird. Wir bitten unser

Inneres Kind darum, dass es uns die passenden und heilenden Klänge zeigt. Während wir trommeln, wird dieser Ball immer größer und leuchtender. Wenn der Ball so groß ist wie die Trommel und wenn Sie den Eindruck haben, dass er fertig ist, dann hören Sie langsam auf zu trommeln und richten Sie Ihre Aufmerksamkeit auf den Ball. Warten Sie kurz ab.

Die Erinnerungen sind durch unser Trommeln genährt und haben mehr Kraft als zuvor. Diese möchten wir für immer in uns behalten. Dafür nehmen wir diesen Ball in unser Hara hinein und berühren, während wir tief einatmen, einen Punkt am Bauchbereich und speichern dieses Erlebnis dort ab.

Halten Sie bitte inne und spüren Sie, wie der Trommel-Kraftball sich dort integriert. Dieser Ball ist jetzt in Ihrem Energiesystem. Wenn Sie dieses schöne Gefühl bekommen möchten, berühren Sie einfach wieder den gleichen Punkt. Dann wird die Kraft wieder da sein, wann immer Sie sie brauchen.

Trommel-Bad

Ein Bad zu nehmen und sich zu entspannen tut sehr gut.

Anstelle Wasser in die Badewanne zu füllen und uns dort hineinzulegen, füllen wir den ganzen Raum mit kraftvollen Energien und legen uns bequem auf den Boden.

Die Wirkung davon ist ein unglaublich schönes Gefühl mit Tiefenentspannung. Für ein Trommel-Bad brauchen wir mindestens eine Trommel – je mehr, desto besser – und eine warme Decke. Es geht sowohl einzeln als auch in der Gruppe.

Gemeinsam ein Bad zu nehmen macht viel Spaß. Wenn wir mit dem gleichen Ziel zusammenkommen, werden die Schwingungen des Trommelns erhöht. Die heilenden Schwingungen des Trommelns, die durch mehrere Leute erzeugt werden, werden vom ganzen Körper aufgenommen.

Die Trommler sitzen im Kreis und die Person, die das Klang-Bad nimmt, liegt bequem auf dem Boden. Man nimmt dafür einen ganz einfachen Rhythmus. In der Mitte fängt man an, und dann links und rechts jeweils ein Mal. Dies immer wiederholen und dabei nicht schneller werden. Sobald getrommelt wird, entsteht ein Energiekreis um die Person herum. Durch mehrere Menschen multiplizieren sich die Energien und fördern in kurzer Zeit eine Tiefentspannung.

Nach einem gemeinsamen Trommeln die Hände zu der Person halten, die in der Mitte liegt, dort Energie fließen lassen und ein paar schamanische Lieder oder Mantras singen.

In den heilenden Klängen zu baden ist ein sehr wohliges Gefühl der Geborgenheit und Entspannung. Dabei kann die Person in einen tiefen Trancezustand kommen, wo sie von den Klängen in die schamanische Welt fortgetragen wird.

Trommel-Entspannungsübung für zwischendurch

Manchmal trommelt man wie ein besessener Zauberer und die Zeit vergeht sehr schnell. Die aufgebaute Energie kann man besonders in der Ruhe spüren. Der Wechsel zwischen Ruhe und Aktivität stärkt Körper und Geist sowie die Resonanzfähigkeit und die Wahrnehmungsfähigkeit.

Halten Sie die Hände auf der Höhe des Unterbauches über die Trommel und spüren Sie Ihren Atemfluss. Öffnen Sie beim nächsten Einatmen den rechten Arm soweit es geht zur Seite. Schauen Sie dabei auf Ihre Finger.

Beim Ausatmen bringen Sie den Arm zur linken Schulter.

Bei Einatmen bringen Sie den Arm zurück zur Trommel.

Wiederholen Sie das Gleiche mit dem linken Arm.

Wenn der linke Arm zur Mitte kommt, atmen Sie dort ein paar Mal hin. Breiten Sie dann beim nächsten Einatmen beide Arme nach außen und atmen ein paar Mal dort. Beim nächsten Ausatmen kommen Sie zum Herzen und atmen dort auch paar Mal. Bewegen Sie schließlich beim Einatmen die Arme nach außen und beim Ausatmen wieder zurück zur Mitte.

Wiederholen Sie diesen Vorgang beliebig oft, bis der Atem fließend und die Schultern entspannter werden.

Die schamanische Trommel-Einweihung

Einweihungen sind ein essentieller Bestandteil im Schamanismus. Mit den Einweihungen bekommt der Schüler besondere Fähigkeiten und braucht das Rad nicht immer wieder neu zu erfinden. Durch die Einweihung eines

Spirits über den Schamanen bekommt man Zugang zu ganz besonderen Kräften.

Eine Einweihung erleichtert Schülern ihre Lernaufgabe und macht es ihnen leichter, mit den Dingen umzugehen.

Funktioniert das wirklich, wenn ich einfach einen Erzengel oder eine Göttin rufe, kommen sie dann wirklich zu mir? Um sicher zu sein, ist eine spirituelle Einweihung nützlich, ähnlich wie bei einer Reiki-Einweihung. Reiki ist eine spirituelle Lebensenergie, per Einweihung bekommt man im System der natürlichen Heilung mit Reiki die Fähigkeit, diese Energie wann und wo man es will übertragen zu können.

Es gibt viele Menschen, die ähnliche Phänomene erleben wie bei der Arbeit mit Reiki, beispielsweise ein Kribbeln und Wärme in den Händen. Eine Verbesserung taucht manchmal auf. Ist das eine besondere Gabe, die auch ohne Einweihung funktioniert? Meistens sind es Zufallsergebnisse und sie wirken nur für kurze Dauer. Es gibt eine Nebenwirkung. Einige unserer Klienten berichten genau dieses Phänomen. Sie sind zwar sehr froh, dass sie diese Fähigkeit haben, nach einer Behandlung geht es ihnen aber selber nicht so gut und sie fühlen sich sehr erschöpft.

Das ist einfach zu erklären. Sie tun für andere etwas Gutes, indem sie ihre eigene Lebensenergie abgeben, anstelle als Kanal für spirituelle, unendliche göttliche Energie offen zu sein. Manchmal bekommen sie ähnliche Symptome wie der Klient. Dort findet eine gegenseitige Energieübertragung statt, die für den anderen nicht bekömmlich ist. Damit das nicht passiert, ist es wichtig, vor dieser Art von Arbeit eine Reiki-Einweihung und Ausbildung zu bekommen, damit man sicher weiß, dass nur die Reiki-Kraft und nicht die eigene Energie übertragen wird. Somit schafft man einen sicheren Raum für ganzheitliche Heilung, wo keine unkonstruktive energetische Übertragung stattfindet.

Die Voraussetzung dafür, dass ein Lichtwesen in einen Raum kommt, ist ein reines, von Liebe erfülltes Herz, weil das der direkte Zugang zur Lichtwelt ist. Wenn unser Herz nicht in Liebe ist, kann es leicht von anderen Dingen beeinflusst werden. Handlungen aus Angst, Machtansprüche …

In einem Raum sind 100 Frauen und eine davon ist meine Mutter. Wenn ich dort meine Mutter rufe, wird meine Mutter zu mir kommen, weil sie einen persönlichen Bezug zu mir hat. Es kann aber auch sein, dass eine andere Frau zu mir kommt und mich einfach abholt. Die Voraussetzung dafür ist, dass ich den passenden Raum finden muss, wo meine Mutter ist. Ansonsten werde ich in der Welt verwirrt sein, um meine Mutter zu suchen.

Oder wenn ich eine Pizza bestellen will: Ich muss erst die Telefonnummer haben und dann das bestellen, was ich essen möchte. Ohne Telefonleitung und Nummer kann ich die Pizza nicht bekommen. Ich brauche einen Zugangscode. Also, es gibt ganz einfache Regeln, um herauszufinden, ob das, was ich tue, richtig ist. Die Veränderung in meinem Alltag muss sichtbar sein, indem ich eine leckere Pizza esse und sie genieße. Wenn das nicht der Fall ist und ich immer noch Hunger habe, dann hat es nicht funktioniert.

Wenn wir an einen spirituellen Ort reisen möchten, wie in die Welt der Krafttiere, Engel oder der Göttin, müssen wir erst den Zugang finden, wie wir dort hingehen können. Fantasievolle Menschen machen mit ihrem Geist auch ähnliche Erfahrungen wie bei einer Astralreise. Aber dort gibt es einen Unterschied zwischen dem, was man im eigenen Geiste an Bildern erzeugt, und den Eindrücken in einer Astralwelt, in die man reist. Wenn ich mir vorstelle, dass jetzt vor mir eine Pizza ist, kann ich diese zwar sehen, das heißt aber nicht, dass ich sie tatsächlich vor mir habe. Im White Feather Schamanismus lernt man haarscharf zu unterscheiden, woran man echte und ausgedachte Eindrücke erkennt. Sonst gibt es Verwirrung.

Echte spirituelle Erfahrungen erkennt man unter anderem daran, dass sie Liebe, Eigenverantwortung und Bewusstsein fördern und gleichzeitig ein Bezug zum Alltag besteht.

Ein Zeichen einer echten spirituellen Erfahrung sind Visionen, Klarheit auf dem eigenen Weg, Einsicht, Erweiterung des Bewusstseins, Heilung, eine konstruktive Lebenseinstellung, der Wunsch nach Verbesserung, Loslassen krankmachender Verhaltensweisen, gesunder Umgang mit Problemen, Inspiration für neue Wege, Flexibilität und steigende Liebesfähigkeit. Diese helfen uns, in unserem Alltag immer glücklicher zu leben und ein erfülltes Leben zu führen.

Eine Trommel ist zunächst einmal ein Musikinstrument. Wenn sie aber mit einer schamanischen Einweihung den Segen der Götter bekommt, wird daraus ein Ritual- und Heilungswerkzeug. Die Trommel wird dann zu einem sehr durchlässigen Tor zum alten Wissen und für spirituelle Erfahrungen. Durch ein spezielles Einweihungsritual wird die Trommel mit der Kraft der Großen Göttin verbunden, so dass man sicher und angenehm die Kraft der Göttin für das Heiltrommeln übertragen kann. Trommelt man die eingeweihte Trommel, geht die Kraft der Göttin über die Rhythmen und Klänge ganz automatisch zu den Menschen hin. Es gibt natürlich viele wunderbare Erfahrungen bei Menschen, wie in der Musiktherapie, wo Menschen Heilungen erleben und die Seele beruhigt wird, oder wo manche durch einfaches Trommeln mehr Freude erleben. Stellen Sie sich einfach vor, was passieren würde, wenn dies mehrfach verstärkt wird. Ein Auto mit mehr PS kann mehr leisten.

Durch spirituelle Einweihung entsteht ein starker Bezug zu der inneren Ur-Trommel der eigenen Magie sowie ein Zugang zum alten schamanischen Wissen und zur Göttin. Sie ist immer präsent, wenn man sie vor dem Trommeln anruft und um Hilfe bittet.

Der regelmäßige Umgang mit einer eingeweihten Trommel hilft den Menschen, in ihrem Alltag leicht Verbindung zur Göttin herzustellen. Diese fördert die spirituelle Entwicklung des Trommelnden enorm. Die Kraft der Liebe, Lust und Wahrhaftigkeit fließt durch uns und durch unsere Hände in die Welt. Die Einweihungstradition wird mit dem Segen der Göttin über den Lehrer zum Schüler weitergegeben.

Der Weg zum Trommel-Meister

Ein Trommel-Meister zu sein, bedeutet nicht nur, dass man seine Kunst beherrscht. Vielmehr geht es um das Aufgeben der Kontrolle und des Egos.

Im Geist des Trommel-Meisters geschieht nichts, während er trommelt. Er trommelt nicht bewusst, sondern lässt es einfach geschehen. Um das zutage zu bringen, was genau in diesem Moment wichtig ist, bekommt man Führung von einem geistigen Führer. Jede Sekunde channelt der Trommelnde sowohl den Geistführer als auch den Zuhörer, damit er genau das hervorbringt, was der Zuhörer braucht. Das bedeutet, das Lichtwesen erscheint durch ihn und drückt seine Präsenz mit der Sprache der Trommel aus, weil dies das Unterbewusstsein des Menschen einwandfrei erreichen kann.

Auf diesem Weg begegnet man sich selbst, schafft einen gemeinsamen Raum mit Menschen und hilft ihnen, ihren persönlichen spirituellen Wesen zu begegnen.

Dort geschieht etwas Geheimes. Das Trommeln führt uns dahin, wo es einmal war. Alles ist in Einheit. Von den Göttern aufgenommen zu sein, ist ein friedvolles und geborgenes Gefühl.

Dieser Weg ist wunderschön. Diesen Weg treten wir intuitiv, spielerisch und entspannt an. Je entspannter und gelassener ein Mensch ist, desto kreativer kann er mit neuen Dingen umgehen. Folgende Übungen helfen Ihnen, ganz einfach den inneren musikalischen und schamanischen Trommler zu erwecken.

Die Trommel als wunderschöne Landschaft

Schauen Sie Ihre Trommel wie eine wunderschöne Landkarte an und erkunden Sie sie neugierig, indem Sie verschiedene Orte des Trommelfells anfassen und den Klang entstehen lassen. Wo ist viel Grün und wo ist weniger Grün? Bringen Sie dann frische Energie des Trommelns in den Bereich, wo weniger Grün ist.

Je nachdem, wo und wie man schlägt, gibt es unbegrenzte Möglichkeiten von Klängen und Rhythmen. Je besser Sie IhreTrommel kennen, desto besser können Sie aus dem schöpfen, was die Trommel anbietet.

Die Zonen der Trommel kennenlernen

Am Rande der Trommel kommen hohe, leichte und feine Töne. Die Mitte ist der kraftvolle, tief berührende und dynamische Bass. Dazwischen ist eine Zone, die beide Felder gut vermittelt. Gute Trommler benutzen möglichst viele Zonen der Trommel, damit sie dynamisch und rhythmisch klingt.

Wasser trommeln

Wenn Sie in der Badewanne oder im Schwimmbad sind, einfach das Wasser trommeln. Hören Sie dabei die Töne. So leicht, sanft und entspannt sollen sich die Hände auf dem Trommelfell bewegen.

Sinnliches Trommeln

Streicheln Sie das Trommelfell, als wäre es der Popo eines Babys, oder die Wange eines Geliebten.

Nachahmung der Klänge aus der Natur

Regentropfen, Donner, Welle, Vogel, Tiger …

Mit dem Trommel-Ritual der Göttin anfangen

Rufen Sie die Göttin als Unterstützung und stimmen Sie sich kurz ein, indem Sie die Augen schließen und in den Bauch atmen. Reinigen Sie den Ort mit Räucherstäbchen, damit Sie sich besser auf die Trommel einlassen können.

Die richtige Höhe für entspanntes Trommeln finden

Wenn beim Trommeln Verspannungen oder Verkrampfungen entstehen sollten, hören Sie erst einmal auf und schauen, ob die Höhe der Trommel gut ist. Der Arm sollte locker hinunterschwingen. Wenn Sie dazu neigen, schnell Verspannungen und Stress zu bekommen und sich unter Druck zu setzen, heilen Sie diese Gewohnheiten zunächst. Wenn auf den Handtellern blaue Flecken entstehen sollten, ist das ein Zeichen dafür, dass Sie zu stark getrommelt haben, das hat etwas mit unterdrückter Aggressivität zu tun. Achten Sie immer darauf, dass die Trommel nicht dafür da ist, Stress und Wut abzubauen. Sie ist ein Ritualgerät.

Entspannung

Nehmen Sie sich nach dem Trommeln immer Zeit, mindestens 10 Minuten, um die Schwingungen und die Energie in den Händen und im Körper zu spüren. Es wirkt lange nach. Das entspannt den Körper sehr. Und manchmal passiert Erstaunliches.

Trommeln zu Musik

Die Musik, die Sie immer gern hören, können Sie laufen lassen, während Sie trommeln. Probieren Sie, zu der Musik passende Rhythmen oder Melodien zu spielen. Das stärkt Ihre Trommelfähigkeit und Kreativität.

Die Trommel ist ein Tor zur Welt der heilenden Musik. Egal, wo Sie sind, Sie hören Musik um sich herum. Dies können Sie mit den Händen ausdrücken, oder den Kopf und die Hüfte hin und her schwingen. Lebendige Musik ist die, die Ihr Herz in Schwingung bringt. Wenn Sie gute Laune haben, haben Sie das Gefühl, Ihr Herz mache Musik. In guter Laune summt man ein Lied oder Melodien. Das stärkt die Freude enorm. Trommeln Sie dies einfach!

Laufen Sie, wenn Sie das Gefühl haben, frei loszurennen. Auf die spontan kommenden Bedürfnisse zu achten ist sehr wichtig, um ein langfristig und anhaltend glückliches Leben zu führen.

Regelmäßiges Trommeltreffen

Bilden Sie eine Trommelgruppe und tauschen Sie Ihre Erfahrung aus. Gehen Sie zusammen mit Ihren Freunden in der Natur trommeln. Trauen Sie sich, vor anderen Menschen zu trommeln.

Tagebuch trommeln

Suchen Sie sich abends einen Platz, wo Sie ungestört mit sich allein sein können. Schließen sie die Augen und schauen Sie, was heute alles so passiert ist. Dann trommeln Sie dies, während Sie über verschiedene Ereignisse nachdenken. Damit beenden Sie Ihren Tag rituell. Das hilft, Ihr Inneres Kind in den Alltag zu integrieren. Das Innere Kind kann mit Heilung, magischen Fähigkeiten und Intuition besonders gut umgehen.

Dies können Sie auch morgens machen. Wie soll ein glücklicher Tag aussehen? Daran denken und trommeln.

Trommel-Dialog

Worte und Gefühle durch Trommeln ausdrücken. Beispiel: Wenn „Liebe" einen Klang hätte, wie wäre dieser? Trommeln Sie danach. Unterhalten Sie sich mit einem Partner. Einer stellt eine Frage, und der andere antwortet darauf. Machen Sie dies so lange, bis die letzte Frage geklärt ist. Probieren Sie Ihre schönen Gefühle für Ihren Partner durch die Hände auszudrücken, beim Trommeln. Dann antwortet Ihr Partner, und so geht es immer weiter. Sie können auf die gleiche Weise auch eine Geschichte oder ein Märchen durch die Trommel erzählen.

Schamanische Heil-Trance

Es gibt unzählige Traditionen des Schamanismus in der Welt.

Eines haben die meisten Schamanen gemeinsam: Sie sind Meister der Heil-Trance und von ekstatischen Zuständen.

1. Visionen bei aktivem Bewusstsein und tiefer Entspannung, Astralreise, Körperreise, Rückführungen, Rückerinnerungen, Rituale, höherer Bewusstseinszustand durch Meditation und körperliche Energieübungen

2. Nicht geistig aktiver, aber körperlich aktiver Zustand wie Krafttiertanz oder Trancetanz

3. Vollkommen geistig abwesende Tief-Trance durch Heilungsarbeit, Meditation oder Trommelmassage

Eine Heil-Trance nutzen wir, um die Welt besser wahrzunehmen. Dies ist heilsam, wenn man den richtigen Umgang damit kennt. Schamanen erreichen diesen Zustand mit Hilfe von Ritualen und spiritueller Energiearbeit, die sehr oft von Trommeln, Gesang und Tanz mit Rasseln begleitet werden.

Einen Trance-Zustand versuchen manche durch Einnahme von Drogen herbeizuführen. Der Geist ist dabei nicht klar, vernebelt wie der Rauch der Rauschmittel. Manche erleben dabei Dinge, die einer Halluzination ähneln. Wenn wir nur mit dem Hilfsmittel diesen Zustand erreichen wollen, heißt das, dass wir uns von dem Mittel abhängig machen. Das ist ein verkappter Drogenmissbrauch und widerspricht den schamanischen Grundsätzen, das Leben und die Gesundheit zu fördern.

Das Ziel bei der Heil-Trance ist, die Welt anders wahrzunehmen, sich von Fesseln der Illusion zu befreien und die das Selbst einschränkenden Grenzen zu lösen, anstelle die Denkweise zu unterstützen „die Welt ist leidvoll“ oder „ich lebe so, wie ich bis jetzt gelebt habe“.

Hier gilt auch das Prinzip, „der Weg ist das Ziel“. Manche wollen schnell den Zustand erreichen, den sie wünschen, ohne Rücksicht auf persönliche Reife und Entwicklung. Es ist nicht das Ziel, einfach ein abgehobenes und schwebendes Gefühl zu haben, sondern tiefere Heilung, Einsicht und Eingebungen zu haben, damit man das Leben liebevoll, bewusst und eigenverantwortlich gestalten kann. Was nutzt es für ein Kind, das gerade sieben ist, ein großes Auto zu bekommen, womit es gar nicht fahren kann?

Durch jahrelanges Training unter persönlicher Begleitung der Schamanen können wir diesen Zustand sicher erreichen und die daraus gemachte neue Erfahrung konstruktiv im Alltag integrieren.

Schamanische Heil-Trance benötigt eine tiefe Entspannung. In einem Stresszustand kann nichts geschehen. Schamanen können dabei helfen, schnell in eine Tiefenentspannung zu kommen, und lehren, wie man im Alltag schnelles, konsequentes Umschalten zwischen Stress und Entspannung schaffen kann.

Afrikanische Völker und Völker in einigen asiatischen Ländern bevorzugen rhythmische Musik und Tanz, um sich in Trance zu versetzen. Dabei spielt die Trommel eine große Rolle.

Trommeln reinigt den Raum und ruft die Kraft der Geborgenheit. Somit schafft man einen idealen Raum für sich selbst. Schamanen rufen dabei Helfer, wie Krafttiere oder andere Lichtwesen, damit die eingeladenen Spirits für den Raum und für die Menschen schützend wirken können.

Heil-Trance erreichen wir, wenn wir unseren bewussten Geist, unser Ego und den Kontrollzwang aufgeben. Schamanen lassen sich von Lichtwesen einleiten, indem sie durch sie trommeln, heilige Mantras rezitieren, tanzen, ihre Stimme leiten lassen. Dabei können monotone oder abwechslungsreiche Rhythmen entstehen, die die Schamanen manchmal bis dato noch nicht einmal gespielt und gesungen haben.

Die wunderschöne Stimme der Schamanen klingt nicht etwa aus dieser Welt. Überwältigende Gefühle kommen hoch, Tränen der Reinigung und Freude fließen wie Wasser. Es bewegt sich viel im Inneren. Der Wind des Gottes berührt unsere Seele des Sees sanft. Diese Schwingungen spürt man im tiefsten Herzen. Sobald unser Herz geöffnet ist, kann eine Wunderheilung geschehen. Man braucht sich keine Sorgen mehr zu machen. Es ist für alles gesorgt.

Dabei empfängt ein Schamane manchmal die Botschaft eines Lichtwesens als Geschichte, die wir in unserem Sinne besser verstehen können. Diese Weisheit der Geschichte wird durch Erzählung, Lieder, Tanz und Trommeln ausgedrückt. Durch solche Geschichten bekommen wir Visionen, Heilung und Kraft, die wir in unserem Alltag brauchen.

Wunderheilung kann vorkommen, aber dies entspricht nicht dem üblichen natürlichen Prozess der Heilung. Die Ursache einer Heilung entsteht über mehrere Wochen, Monate und Jahre. Schamanen ermuntern uns, unsere Lebensweise zu ändern, die zu einer Krankheit geführt hat.

Hierbei finden viele parallele Grundelemente der modernen Musiktherapie Anwendung, die bei Depression, Ängsten und Störgefühlen genutzt werden. Schamanismus ist die Urform der Psychologie.

Der Unterschied zwischen moderner Psychologie und schamanischer Heilung liegt darin, dass die spirituelle Komponente im Schamanismus eine unverzichtbare Rolle spielt. Wir sind nicht allein, sondern bekommen Unterstützung von Lichtwesen, die unsere Arbeit erleichtern und helfen, sie in die richtigen Bahnen zu lenken. Somit ist es möglich, tiefe Schichten der Verletzung der Seele zu heilen.

Ein echter Schamane, der den Grundregeln des Schamanismus folgt, ist mit der Quelle der Heilung und den Spirits verbunden. So lässt sich immer wieder Neues schaffen, sowie es gerade für die Heilung und Entwicklung wichtig ist.

Während der Rituale mit Trommel-Heilung versetzen wir uns in eine Tiefenentspannung, dadurch kann man eine andere Ebene des Seins erreichen, einen Bereich zwischen Realität und Traum, wo unser Zeitgefühl verloren geht, wo anstelle alltagsbetonten Denkens ein gefühlsbetontes Körperempfinden Platz einnimmt. In einer höheren Schwingungsebene verschwimmt unsere Seele, und es steigen Bilder, intensive Gefühle und Visionen auf. Es ist ein Schwebezustand zwischen Entspannung und Wachheit.

Eine Zustandsveränderung des Bewusstseins findet statt und man lernt neue Dimensionen des Bewusstseins kennen. Irgendwann tritt man aus sich heraus und geht in eine andere Welt hinüber. In die Welt, wo wir uns den Engeln und Göttern nähern.

Eine Verschmelzung mit der Welt, ein Einheitsgefühl, Breite und Tiefe, die nicht begrenzt ist, wunderschöne Gefühle der Begeisterung, lehrreiche Botschaft und Erkenntnisse. Einerseits existiere ich überall, andererseits nirgendwo.

Schamanischer Tanz

Tanz ist ein Ausdruck des Körpers, bei dem sich unsere Seele und Gefühle ausdrücken können. Mit Tanz kann man viele Dinge, die in uns sind, nach außen zeigen, damit andere Menschen sich ebenso in diese besondere Stimmung hineinversetzen können. Was uns am Tanz begeistert, sind Kraft, Energie und Gefühle, die uns lebendig machen.

Sprache ist gedankliche und bewusste Kommunikation mit anderen Menschen, und Tanz ist die Sprache des Körpers, die der Kommunikation des Unterbewusstsein entspricht, wenn man einfach loslässt.

Tanz ist ein wichtiger Aspekt der schamanischen Heilung und Zeremonie. In den alten Ritualen der Schamanen ist Tanz ein wichtiger Teil der Zeremonie, um die Götter zu ehren und um sich zu bedanken.

Durch die Trommelmusik fällt es leichter zu tanzen, da die Rhythmen denen des Körpers ähnlich sind. Dabei kommen Natürlichkeit und Freude in besonderem Maße zum Ausdruck, so dass manchmal Bewegungen zustande kommen, die sonst beim normalen Tanzen wie etwa in der Disco nicht in Erscheinung treten würden. Lassen Sie sich selbst überraschen, wie gelenkig und wendig Sie sich bewegen können, wenn Sie vom Tanz der Trommel ergriffen werden.

Freie Bewegungen beim schamanischen Tanz

Ein Schamane bringt die Wünsche der Menschen mit der körperlichen unterbewussten Sprache des Tanzes zu den Göttern und zeigt mit dieser Sprache genauso die Botschaft und Energie der Götter.

Schamanischer Tanz ist eine uralte Form des Tanzes. Er wird für die Anrufung der Götter, Feiern mit Göttern, Verabschieden der Götter nach einem Ritual und für das Loslassen von krankmachenden Eigenschaften bei Menschen angewandt. Sichtbare, körperliche Darstellung der göttlichen Geschichte und Botschaft hilft bei der Heilung einer Krankheit, um Freude am Leben zu entwickeln, beim Loslassen von krankmachenden Gewohnheiten, bei der Entwicklung von übernatürlichen Kräften, beim Stressabbau, und um Visionen von den Göttern zu empfangen.

Von Bewegung zu Bewegung, von Atem zu Atem und von Blick zu Blick lebt die göttliche Kraft.

Für rituellen Tanz braucht man eine viel längere Ausbildungszeit als für anderen schamanischen Tanz, wie Krafttiertanz und Trance-Tanz.

Ritueller Tanz begleitet den Ablauf einer Zeremonie und eines Rituals.

Krafttiertanz kann jeder lernen. Hier geht es darum, bei der Begleitung der Trommelmusik ein passendes Krafttier zu rufen. Das Krafttier tanzt

durch uns, und es geht einfach darum, sich von ihm tanzen zu lassen. Dabei lösen sich viele Blockaden in uns, und durch den Tanz entsteht eine große Kraft.

Trance-Tanz dauert zwischen ein paar Sekunden bis zu ein paar Minuten. Man versetzt sich in einen Tieftrancezustand und weiß nachher meist nicht mehr, was passiert ist. Der Mensch macht unmögliche Bewegungen, fliegt, kriecht auf dem Boden, die Arme, Füße und den Kopf auseinander in der Luft herumschwebend. Er ist ein Luftballon, der seine Luft ablässt und in der Gegend herumfliegt. Man weiß vorher nicht, wohin und wie es geht.

Hier spielt das Aufgeben der Kontrolle eine große Rolle. Meistens gelingt dies besser, als man dachte, weil man anfängt, bevor man es merkt. Ist der Tanz vorbei, fällt man in einen tiefen, entspannten Zustand und wird von den Helfern aufgefangen.

Trommel – das Tor zur Göttin

Trommeln ist die Anrufung der Göttin. Die Form der Trommel hat meistens eine weibliche Rundung. Das Trommelfell ist rund, weich und hell wie der Mond. In Asien ist der Mond ein Symbol für die Urkräfte der Yin-Kraft, der Weiblichkeit.

Wie einen Baby-Po streichelt man das Fell, dabei entsteht ein Rauschen wie vom Meer. Die Trommel ist das Symbol für Emotionen und Sinnlichkeit. Einige Trommeln hält man zwischen den Beinen fest – eine sinnliche und erotische Körperhaltung.

Im Schamanismus geht es um Naturverbundenheit, enge Zusammenarbeit mit der Göttin, der Mutter Erde und um die Verbindung weiblicher Erdkräfte.

Diese Erdkräfte sind es, was alle Wesen auf dieser Erde stabil zum Wachstum bringt. Ein Baum wächst mit seinen Wurzeln tief in die Erde und mit der Krone zum Himmel. Mit dem spirituellen Wachstum ist es ähnlich. Wie ein Baum wächst die Liebe jeden Tag, während wir von Mutter Erde, der großen Göttin über unsere Wurzeln genährt, geheilt und geschützt werden. Die Göttin ist die spirituelle Mutter aller Wesen auf dieser Erde.

Hier eine kleine Übung:

Stellen Sie sich vor, dass sich die Erde vor Ihnen befindet. Richten Sie dann Ihre Aufmerksamkeit auf den tiefsten Bereich der Erde, auf die Mitte der Erde.

Da ist das Zentrum der kraftvollen Energien der Göttin. Stellen Sie es sich als orangenes Licht vor und wie es Sie und Ihre Trommel nährt. Dieses Licht strömt durch Ihre Füße und die Trommel nach oben.

Diese Göttinnenenergie kommt durch Ihre Trommel hindurch und strahlt durch das Fell, wie der Mond.

Halten Sie die Hände über Ihre Trommel und wärmen Sie Ihre Hände dort. Dann trommeln Sie, wenn Sie spüren, dass der richtige Zeitpunkt ist. Während des Trommelns halten Sie die Aufmerksamkeit bei der Energie.

Wie ein Baum zur Welt kommt

Vom Himmel gesegnetes Wasser fällt herab auf die Erde. Dort findet die Begegnung von Gott und Göttin statt, eine heilige Hochzeit wird gefeiert und schafft ein neues Leben. Der Samen eines Baumes nutzt all seine Kraft, um durch den harten Boden zu kommen, um zu überleben und zum Licht zu wachsen, so wie wir zur Welt gekommen sind.

Genau in diesem Moment findet die heilige Hochzeit überall dort statt, was Leben spendet. Die Muttererde symbolisiert die heilige Sexualität. Heilige Sexualität ist etwas ganz Lustvolles, Freudvolles, Schöpferisches und Fruchtbares. Die Zellen in unserem Körper machen nichts anderes als das.

Ein Baum kann besonders gut auf fruchtbarem Boden wachsen und ist stark. Es ist daher unverzichtbar für den Menschen, auch eine gesunde Ernährung zu haben und einen passenden Wohnort, wo die Individualität gestärkt wird und man mit der Unterstützung von anderen gut wachsen kann.

Der Baum tauscht sich mit seiner Umgebung ständig materiell und energetisch aus. Haben Sie sich schon einmal darüber Gedanken gemacht, was unter der Erde so alles passiert?

Einige Baumarten tauschen immer Yin und Yang. Aus menschlicher Sicht sind sie getrennt, aber sie gehören zusammen. Die Wurzel geht über die andere Wurzel hinüber und kreuzt sich mit der anderen. Sie stehen auf einem Boden, wachsen in die gleiche Richtung zum Himmel und bewundern gegenseitig ihre Schönheit. Was sie wohl unter der Erde und energetisch die ganze Zeit machen? Was für eine schöne Liebesbeziehung.

Grüne Blätter symbolisieren die Farbe der Liebe und der Familie des Herzchakras. Liebe zu mir selbst und zu anderen hilft mir zu wachsen. Liebe kann immer strahlender wachsen, wenn wir Freude am irdischen Leben haben. Lust, Sinnlichkeit und Körperlichkeit sind Symbole für die Göttin der Muttererde, und fruchtbare Nahrung für unsere Seele. Diese Nahrung fließt von der tiefsten Erde ungehindert zu uns.

Dabei ist es gut zu lernen, was zu meinem spirituellen Wachstum passt. Die Dinge loszulassen, die wir nicht brauchen und die uns daran hindern, glücklich zu sein. Ein neuer Beginn des Lebens findet statt, wenn wir diese Ausscheidung sinnvoll nutzen.

Schamanen können so zaubern, dass etwas, das dem Leben entsagen musste, belebt wird.

Zum Beispiel mit tantrischer Energiearbeit. Diese Art der Energiearbeit hilft uns, unseren Körper als den von Gott geformten Tempel anzuerkennen und die Freude am Leben an der irdischen Existenz zu erkennen.

Ein Tempel ist der Ort, wo wir den Göttern nahe sind. Dort ist das Tor zur spirituellen Welt. Wie können wir unseren Körper wie einen göttlichen Tempel pflegen?

Folgende positive Gefühle stärken das Körperbewusstsein und die Schönheit des Lebens: Pulsierendes Kribbeln im Bauch, Verliebtsein, Zärtlichkeit, intensive erotische Gefühle, elektrisierende sexuelle Schwingungsenergien, ekstatische Gefühlsstürme.

Je mehr man solche Dinge erfährt, desto stärker wird unser Vertrauen zu uns selbst und zu anderen. Alle Dinge, die die Freude am Körper stärken, halten Sie besonders jung, vital und kraftvoll.

Die Kraft der Göttin ist die Quelle des Lebens, der Liebe und Sinnlichkeit. Um diese Kraft in uns zu erwecken, ist es wichtig, die Mutter Erde zu spüren, indem wir tatsächlich zu ihr gehen und schöne Rituale machen. In unserem Alltag können wir auch diese Kraft spüren, wenn wir in Lust und Liebe sind. Ihre drei Archetypen sind die Spirituelle Kriegerin, die Heilige Jungfrau und die Heilige Hure. Die Kraft der Göttin, die pure heilige sexuelle Energie, schenkt uns das Leben, ihre liebevolle kriegerische Energie schützt unser Leben, ihre aufrichtige, reine Schönheit macht das Leben weise. Diese Kraft kann ungehindert durch uns fließen, und Sinnlichkeit ist der Schlüssel zu ihr.

Wer seinen Körper und seine Körperlichkeit ablehnt, lehnt entsprechend die Göttin ab.

Spirituelles Wachstum wollen einige durch extreme Askese, Fasten, Unterdrückung der eigenen Sexualität, von körperlichen Bedürfnissen und Leid erreichen. Stellen Sie sich einfach vor, wie würde ein Baum danach aussehen?

Wo es keine lebendigen Prozesse gibt und keine lebensfördernde Energie vorhanden ist, wendet sich das Blatt zum Tod. Damit gerät man in Irrungen und Wirrungen. Dies führt in tiefe Schwierigkeiten, so dass der Baum austrocknet, die strahlende grüne Liebe zerfällt und vom irdischen Leben Abschied nimmt.

In die Lichtreiche gehen wir am Ende des Lebens sowieso. Warum wollen wir uns so beeilen? Wir sind hier, um zu verstehen, was das „Leben" bedeutet. Dafür sollen wir das Leben gründlich genießen. Wie genießt man das Leben am besten? Nachdem ich ein ganzes Leben lang hart gearbeitet habe und genug Geld für die Rente habe? Manche wissen einfach nicht, wie man das Leben genießt.

Sich ständig über das zu ärgern, was man nicht hat, anstelle sich darüber zu freuen, was man hat. Es gibt viele Ziele, die man erreichen möchte, und der Weg dahin ist nur ein Zweck zum Ziel. Während man sich anstrengt, um ein Ziel zu erreichen, vergeht die Zeit so schnell, dass man sich am Ende doch nicht so glücklich fühlt, wie man es gern gehabt hätte. Dann hat man das Gefühl, etwas verpasst zu haben. Große Reize von außen geben uns vielleicht eine Stunde oder ein paar Tage lang ein gutes Gefühl. Aber die Kleinigkeiten im Alltag geben uns ein langfristiges Glücksgefühl.

Göttin-Ritual

Probieren Sie folgendes Trommel-Ritual der Göttin, um Ihre Sinnlichkeit und Freude am Körper zu stärken:

Gehen Sie zu einem ruhigen Ort in der Natur und spüren Sie die Erde, indem Sie eine Hand auf die Erde legen und die andere Hand auf Ihr Herz. Stellen Sie sich dabei vor, dass die weibliche Erdkraft von der tiefsten

Erde zu Ihnen kommt. Diese Kraft reinigt Ihr Herz und Wunden werden geheilt.

Gehen Sie dann zu einem Platz, wo Sie als Dankeschön für die Göttin trommeln.

Halten Sie vor der Übung die Hände vor dem Herzen zusammen und bitten Sie die Große Göttin um Hilfe und Führung, damit Sie während des Trommelns besonders Ihre spirituelle Wahrnehmungsfähigkeit stärken können.

Dann trommeln Sie eine Weile, und wenn Sie fertig sind, halten Sie die Hände wieder vor dem Herzen zusammen und spüren, wie sie pulsieren.

Legen Sie anschließend eine Hand auf den Boden und die andere Hand auf das Herz.

Stellen Sie folgende Frage: „Wenn ich einen Körperbereich habe, an dem ich besonders viel Sinnlichkeit brauche, welcher wäre das?“ Legen Sie danach dort die Hände auf und massieren Sie sanft. Trommeln Sie diesen Bereich sanft.

Bedanken Sie sich zum Schluss bei der Göttin: „Ich danke dir, Große Göttin. Ich bitte darum, wieder zu dir kommen zu dürfen, und bis dahin wünsche ich dir Liebe und Licht auf deinem Weg.“

Durch dieses kleine Ritual haben Sie mehr Möglichkeiten, Ihre Antennen aufzubauen und den Kontakt zu Mutter Erde zu stärken, um die spirituelle Botschaft zu empfangen.

Schamanismus und Tantra

Nun fragen Sie sich vielleicht, was diese Überschrift mit dem Schamanischen Heiltrommeln zu tun hat. Diese Frage möchten wir gerne beantworten.

Das Schamanische Heiltrommeln ist ein kleiner Teil eines großen tantrischen Bereichs des Schamanismus, wo es darum geht, das alles belebt ist und zwischen Himmel und Erde alle Wesen in Harmonie und Einheit vereint sind.

Trommeln ist Zugang zu Himmel und Erde. Die Hand wird in den Himmel gehoben, um sie dann auf das Trommelfell zu bewegen, wobei der Klang und die Vibration Himmel und Erde verbinden. Die Trommel ist somit eine Verbindung zwischen Himmel und Erde, alias dem Gott und der Göttin. Durch ihre Vereinigung entsteht neues Leben im Rahmen eines tantrischen Aktes. Gibt man sich seiner Sinnlichkeit hin, denkt man nicht mehr über die Handlungen nach. Sie sind in Vereinigung mit dem Partner harmonisch und perfekt, und manchmal entsteht dabei neues Leben. Gibt man sich der Trommel mit Leib und Seele hin, spürt man Gott und Göttin in sich mehr und mehr, so dass man zur Einheit mit sich und der Welt kommt, und manchmal entstehen dabei neue Rhythmen und Klänge. Es ist wie ein Urknall.

Es gibt die Theorie, dass das Universum durch den Urknall entstanden ist. Irgendwo wird Energie zugeführt, und dann entsteht entweder etwas Neues oder eine viel größere Kraft. Dieses Phänomen sieht man beim Anzünden einer Kerze, oder auch wenn man die Hände in einem spirituellen Mudra formt wie zum Beispiel in der Gasshô-Mudra, wo die Hände vor dem Herzen zusammengelegt werden. Das ist ähnlich wie in die Hände zu klatschen. Die rechte Hand ist Yang – männlich, die linke Hand ist Yin – weiblich. Sie kommen zusammen, es gibt einen Knall, als hätten sie sich „verknallt“, und es entsteht Wärme, Anziehung und Energie. Und all das vor dem Herzen, dem Zentrum von Harmonie und Liebe.

Beim Menschen ist die Leidenschaft der sexuellen Energie die Kraft, die neues Leben schaffen kann und ebenfalls Vitalität und Gesundheit schenkt. Es gibt einen Zustand, der dem Urknall bei der Weltentstehung ähnelt. Wenn die aufgeladene sexuelle Energie durch den ganzen Körper geht und aus dem Körper entladen wird, explodiert dieser förmlich vor Verlangen und Lust. Es findet eine Expansion des Seins in alle Richtungen statt, so dass diese Botschaft in das ganze Universum hinausgetragen wird. Alle Unzufriedenheit löst sich auf, Entspannung breitet sich aus, Frieden und Liebe strömen ein. Somit tankt man neue Kraft und kann gelassener mit der Welt umgehen.

Das ist der Moment, in dem alle Teile des Seins eine Einheit bilden und das Sein dem Göttlichen näher steht. Das Göttliche ist die Einheit.

Wenn dazu noch die Entwicklung des Geistes und der Persönlichkeit sowie die Erweiterung des Bewusstseins kommen, ist das der Königsweg. Jeder ist ein Teil des Universums und hat damit Schlüssel und Zugang zum Ursprung und zur Welt. Dieses Tor ist in unserem Herzen.

Den Schlüssel finden wir durch Training des spirituellen Bewusstseins. Dieses Bewusstsein erreichen wir durch Einheit von Körper, Geist und Seele. Das ist der Ursprung des Tantras.

Der Begriff Tantra ist im Westen schon recht bekannt und ruft unterschiedliche Assoziationen hervor, so dass jeder darunter etwas versteht, aber nur die wenigsten wissen, was das wirklich bedeutet.

Tantra ist ein altes indisches philosophisches System des menschlichen Energiekörpers, wo praktische körperliche und energetische Übungen helfen, das Bewusstsein zu erweitern. Diese Tradition beruht zwar auf dem Hinduismus, aber weit vor seiner Entstehung gab es eine Göttinnenkultur der vorvedischen Zeit, wo alle spirituellen, schamanischen Traditionen ihre Wurzeln haben.

Wie schon erwähnt, beruhen die ursprünglichen schamanischen Traditionen auf dem Weg der Göttin der Mutter Erde der Natur. Die große Göttin der Mutter Erde schafft den Überfluss der Natur und das Leben. Schamanen beobachten die Natur und holen Rat über sie von der Göttin, wie sie auch in der Menschenwelt genauso die natürliche Ordnung und den Überfluss schaffen können.

Für eine bessere Ernte und fruchtbaren Boden machten sie Rituale, Energiearbeit und Gebete an die Göttin. So geschahen viele Wunder, wie Regen nach einer langen Trockenzeit. Vom Himmel gesegnetes Waser fällt herab auf die Erde und dadurch entsteht ein neues Leben. Dieser Vorgang ist ein sinnlicher Prozess. Sobald der Gott und die Göttin zur Berührung (Einheit) kommen, entsteht ein neues Leben. Dieses Wissen wenden Schamanen an, um bei sich und anderen einen vitalen und fruchtbaren Körper und gesunden Geisteszustand zu erreichen.

Sie schauen, wo mehr Grün und weniger Grün ist, wo es trocken und wo es blockiert ist und wo zu viel und zu wenig Energie ist. Dort wenden sie ihr Wissen an, indem sie Gott und Göttin vereinen, damit Neues wachsen kann.

Die sexuelle Energie ist dabei die Nahrung, die fit und vital hält. Ein Mangel dieser Energie führt immer zu Mangel und Krankheit in Körper und Geist.

Wenn die sexuelle Energie gut fließt und man sie mit anderen austauscht, entsteht ein starkes gemeinsames Energiefeld. Je sinnlicher der Austausch beim Sex stattfindet, desto stärker wird die Erregung und die energetische Aufladung. Damit entzündet man ein großes Feuer der Kraft. Höhere Erregung und Aufladung der Energie werden durch verschiedene praktische tantrische Übungen erreicht. Die Schamanen, die sich darauf spezialisiert haben, wissen genau, wann es was zu tun gibt und welche Bereiche gerade angesprochen werden wollen.

Einheit mit sich selbst und mit den Partnern erreichen wir in unserem Alltag durch Sinnlichkeit am besten. Ein erotischer Höhepunkt soll dabei durch nichts Zwanghaftes erreicht werden, sondern durch Hingabe, Zufriedenheit, Gelassenheit und Loslassen einfach geschehen können. Aber nicht durch Abreagieren oder Abbau von Stress. Dann wird eine große Kraft daraus hervorkommen, die im Alltag in vieler Hinsicht hilfreich ist.

Erotik stärkt das gesunde Leben und hält sehr lange jung, weil die Lebensenergie immer in Bewegung ist. Viele Dinge, die uns alt machen und belasten, gehen von uns weg. Sinnliche Energie ist das Feuer und wärmt die Lebensenergie und regt ihre Lebendigkeit an. Sie bringt alles in Fluss, transformiert und beeinflusst die Energiebahnen positiv. Damit kann Lebensenergie sehr schnell überall dahin fließen, wo Blockaden sind, und diese lösen, als würde man Eis in warmes Wasser geben. Die Ursache vieler Krankheiten ist darin zu suchen, dass Lebensenergie nicht richtig fließt. Die Zufriedenheit und Befreiung von Sorgen nach dem Ausleben der Sinnlichkeit entsteht durch das reinigende Feuerelement.

Im ursprünglichen Tantra in der Göttinnenkultur nimmt die Rolle der Frau und allgemein die Weiblichkeit einen vollkommen anderen Platz ein als in der heutigen patriarchalen Leitkultur, wo die Frauen über Jahrhunderte in ihren Fähigkeiten als Heilerinnen unterdrückt und ihr Körper und Lust als etwas Böses dargestellt wurden, was teilweise heute noch so gelebt wird. Man braucht sich dafür nur einmal anzuschauen, wie viel Lust- und Körperfeindlichkeit heute noch ausgelebt und gelehrt wird und welche Folgen das für Beziehungen und Gesundheit hat. Auch wenn es nach außen selten zugegeben wird, gehen die meisten Beziehungen wegen sexueller Probleme auseinander, sei es, dass einer fremdgeht oder dass einer eben weniger Lustempfindung hat als der andere. Dies führt zu Gereiztheit und Streit, und das schließlich zum Ende einer Beziehung. Die Folgen davon sind oft Krankheit und Isolation. Bei Rückführungen stellen wir immer wieder fest, dass die Ursachen für viele Krankheiten im Alter durch problematische Beziehungen in der Kindheit oder Ehe entstanden sind. 90 % davon haben mit falsch ausgelebter Sexualität zu tun, indem diese in irgendeiner Form unterdrückt oder als etwas Böses angesehen wurde.

Es gibt zwar viele internationale Bewegungen für die Freiheit und Rechte der Frauen, aber bis die Frauen ihre ursprüngliche Kraft und ihren Sinn zurückbekommen, haben wir noch eine lange Zeit vor uns. Es geht nicht darum, dass Frauen Mann zu sein versuchen oder besser als ein Mann sein sollen. Je mehr ein weibliches Wesen sich bemüht, männlich zu sein, um zu beweisen, dass es so stark sein kann, desto frustrierter und oberflächlicher wird es. Bei Männern geht es genauso, je mehr die Männer versuchen, eine Frau zu sein, desto weniger haben sie Erfolg und Glück. Von Natur aus haben die Frauen und Männer ihre einzigartige Stärke und damit können sie das Prinzip von Yin und Yang begreifen und in Harmonie kommen.

Die Göttinnenkultur – der Weg der Göttin – ist keine neue Religion und hat nichts mit den Macht-Angstverhältnissen zu tun, die in der patriarchalen Kultur zu sehen sind.

In der Göttinnenkultur waren Männer und Frauen grundsätzlich gleichberechtigt und brachten gemeinsam die spirituelle Entwicklung hervor. Damals glaubten Menschen, dass sie nur durch sinnliche Erfahrung im Alltag eine Erweiterung des Bewusstseins und Liebe schaffen können, die schließlich zum Göttlichen hinführt. Sexualität ist etwas Heiliges. Das ist das Gesetz der Natur und die notwendige Kraft, womit die Welt funktioniert. Sexuelle Energie ist eine schöpferische und lustvolle Energie, mit der wir selbst und wir mit unserem Partner zur Einheit kommen können. Gott ist die Einheit. Die Einheit des Weiblichen und Männlichen erleben wir in der Sexualität. Daher sind die Menschen in diesen Energien in ihrer Schwingung dem Göttlichen am nächsten.

Aber heutzutage ist diese Weisheit viel zu oft tabuisiert. Viele religiöse Schulen lehren, dass sie nur durch Unterdrückung der Sinnlichkeit das göttliche Bewusstsein schaffen können. Sie wenden sich von der Göttin ab. Die Kraft des Gottes und der Schöpferkraft schafft die Ideen und den Plan für die Einheit bildende Welt der Vielfältigkeit, und die Göttin setzt dies praktisch um. Sie ist die in der materiellen Welt schaffende Kraft.

In einigen spirituellen Schulen und Tempeln ist Sex tabu. Das, wodurch wir in diese Welt gekommen sind, ist tabu. Warum wollen wir das Tor zu dieser Welt sperren?

Einige Religionen haben über mehrere tausend Jahre dazu beigetragen, uns in einer widernatürlichen Lebensweise leben zu lassen, durch Körperfeindlichkeit und Lustfeindlichkeit. Die natürliche Empfindung des Körpers und Lustgefühle werden unterdrückt, und wenn man dies zeigt, wird es als etwas Unspirituelles und Böses erklärt. Dies führt zu verschiedenen Krankheiten und Unzufriedenheit, weil das nicht dem natürlichen Vorgang des Überflusses entspricht, sondern Isolation. Ein Mangelzustand kommt zustande, wenn man etwas unterdrückt und so lebt, wie es gegen das Leben ist. Was ist in der Zwischenzeit passiert, dass diese Tradition so artig umgewandelt wurde?

Man hat ein festes Bild von Menschen, wann sie böse und falsch sind. Wir sind aber von der Schöpferkraft geschaffen, und es kann nicht sein, dass die Schöpferkraft etwas Falsches produziert hat. Welche Macht steht über dem Göttlichen, so dass man sein Werk kritisieren kann? Das ist eine Abkehr vom Schöpferischen und Göttlichen.

Ein Mensch kann falsch handeln, aber das heißt nicht, dass der Mensch böse und falsch ist. Wenn wir das Geschenk des Gottes abwerten, indem wir sagen, „der Gott hat Mist gebaut" und uns davon abwenden, können wir die Göttlichkeit in uns nicht finden. Wir sollten einfach das Geschenk dankbar annehmen und es nutzen, den Sinn zu erkennen.

Unser Bewusstsein kann sich dann richtig erweitern und wachsen, wenn wir die natürlichen Dinge, wie Lustgefühl, annehmen, anstatt sie zu unterdrücken. Das Prinzip der Lust ist es, was uns motiviert, die Dinge leichter zu lernen. Ohne Lust gibt es keinen Spaß, nur Pflichten, Druck und Zwang.

Wie können wir die Welt aus der göttlichen Perspektive wahrnehmen, wenn wir einen wichtigen Teil in uns und von Gott gar nicht sehen wollen?

Anstelle sich nur am Himmel, dem Vater, zu orientieren, sollten wir der Mutter Erde auch Achtung schenken. Nur durch die Balance der Kraft des Gottes und der Göttin kommen wir zu Frieden.

Die Mutter Natur zeigt uns, wie natürliches Leben läuft. Natürliches Leben ist ein lustvoller, freudvoller Vorgang des Wachstums. Die unberührte Natur, wie im Dschungel, ist für uns etwas durcheinander, aber dort ist die Ordnung der Natur, eine starke Pflanzen produzierende Aktivität und Fruchtbarkeit gut zu sehen. Jede Pflanze und jedes Tier ist einzigartig und zeigt die individuelle Schönheit. Die Mutter Natur ist das Symbol für den weiblichen Körper. Die Fruchtbarkeit der Natur ist der Überfluss des Lebens. Die geheime Lehre des ursprünglichen Tantras ist von Schamaninnen entstanden, die die Natur beobachtet haben, wie die Natur die Fruchtbarkeit und Überfluss schafft. Diese Weisheit nutzen sie für uns, damit wir auch im Überfluss leben können.

Wir fangen an, eine Ordnung zu schaffen, die gegen das Gesetz der Natur ist. Wir bauen neue Straßen, machen die Berge und Bäume kaputt, was den Wechsel des Klimas und Änderungen der Umwelt verursacht. Die zu frühkindliche strenge Sauberkeitserziehung hindert den natürlichen Entwicklungsprozess eines Kindes. Sauberkeitsneurotiker putzen ihre Wohnung und ihr Auto mehrmals am Tag, damit alle wissen, dass sie sauber und in Ordnung sind. Meistens herrscht bei ihnen inneres Chaos, das durch äußere Sauberkeit vertuscht werden soll.

Manchen ist es egal, ob die Luft durch bestimmte Handlungen schmutziger wird oder nicht, es geht einfach darum, so schnell wie möglich Leistung zu bringen und mehr zu produzieren, ohne Rücksicht auf andere und auf die Natur.

So schwimmen wir gegen den Strom des natürlichen Flusses. Was für ein großer Kraftaufwand, wenn wir das wieder normalisieren möchten!

Manche ignorieren das Gesetz der Natur und schaffen eigene Regeln. Mit dieser Regel werden sie nicht gesünder, sondern langfristig gesehen kränker. Das Gesetz der Natur ist, dass Chaos mit Ordnung eine Einheit bildet. Je mehr man inneres Ungleichgewicht und Durcheinander erlebt, desto mehr versucht man, eine künstliche Ordnung zu schaffen, um den Anschein zu erwecken, alles im Griff zu haben.

Wir wissen, dass Obst, wenn man es nicht zur richtigen Zeit erntet, weniger Nährstoffe enthält und anders schmeckt. Trotzdem ist für manche Menschen die Hauptsache die Menge und sie ernten zu früh. Schließlich wollen das ja viele. Eine an Ungeduld, Übereilung und Leistung orientierte Denkweise lässt uns etwas Wichtiges in uns vergessen. Unser Herz. Wenn wir ein Obstbaum wären, würden wir uns gar nicht freuen, in einer Kiste zu stecken und auf einer Verkaufsstelle zur Schau gestellt zu werden, bevor wir reif sind, und so zu tun, als wären wir reif. Wir brauchen mehr Zeit. Wir können andere Menschen täuschen, aber wir können nicht uns selbst täuschen. Vielleicht reden wir uns lange ein, dass es nicht so schlimm ist und dass es nichts macht. Andere machen das ja auch. Dann wissen wir irgendwann nicht mehr, was wir sind und was wir wirklich wollen. Wir spüren manchmal, dass mit uns etwas nicht stimmt. Was stimmt nicht mit uns? Welche Regel und Ordnung, die wir geschaffen haben, passt nicht zu uns und der Natur?

Lust- und Körperfeindlichkeit, Ordnungs- und Moralvorstellungen sind in unserer Gesellschaft sehr verbreitet, sie werden von niemandem so direkt gelehrt, aber unbewusst leidet jeder unter diesem Einfluss. Sie werden antrainiert. Die meisten Menschen sind so erzogen, dass Nacktheit etwas Schlechtes, Unanständiges und Ekeliges ist und dass man sich so nicht zeigen soll. Wir erinnern uns daran, dass wir ausgeschimpft wurden, wenn wir unseren nackten Körper anderen gezeigt haben. Dadurch lernen wir, uns zu schämen. Wir mussten den Körper verstecken, weil unser nackter Körper nicht in Ordnung ist. Daraus lernen wir: Wenn wir Nacktheit zeigen, dann sind wir schlechte Menschen. Daraus resultiert in unserem Geist ein Verhaltens- und Denkmuster wie „Ich muss eine Maske tragen, damit ich in der Gesellschaft akzeptiert werden kann".

So beginnen die Kinder zu denken, „Wenn ich meine Natürlichkeit zeige, werde ich gemobbt, kritisiert, also trage ich angemessene Kleidung und

Masken, damit ich in der Gesellschaft Anerkennung bekomme", „Ich muss versuchen zu zeigen, dass ich doch ein guter Mensch bin, indem ich mein wahres Ich hinter eine Maske verstecke", „Ich muss eine gut aussehende Maske haben, damit ich zeigen kann, dass ich ein guter Mensch bin". Stellen wir uns einfach vor, wie es wäre, wenn eine Pflanze oder ein Baum sich schämen würden, sich zu zeigen – wie könnten sie dann richtig wachsen?

Wie viele Menschen denken über ihren Körper, dass er schön ist und nehmen ihn an, wie er ist, anstelle so werden zu wollen wie andere? Viele Menschen haben Angst, ihren nackten Körper zu zeigen, weil sie ihn sehr hässlich finden. Man glaubt, sich selber zu zeigen, sei falsch.

Dadurch entstehen Schamgefühle. Sie leiten sich daraus ab, dass wir glauben, „So wie ich bin, ist es falsch".

Auf dieser Grundlage bilden Menschen Angst, Rollen- und Masken-Verhalten. Dies schafft im Unbewussten krankmachende und unspirituelle Glaubensätze im zweiten Chakra:

„Ich bin ein schlechter Mensch, weil ich einen Körper habe."

„Die Bedürfnisse meines Körpers sind unwichtig und ekelerregend."

„Spirituelle Menschen unterdrücken ihre Lust.

„Denen die nur an das eine denken,kann man nicht vertrauen."

Die, die ihre Sinnlichkeit in der Öffentlichkeit zeigen, sind böse.

„Erst die Arbeit, und dann das Vergnügen."

„Es ist die Pflicht einer Frau, den Ehemann zufrieden zu stellen."

„Wer über seine Bedürfnisse offen spricht, ist sexsüchtig und krank."

Wir schämen uns, wenn wir etwas machen, was nicht in einen Rahmen der Gesellschaft passt. Schamgefühle – der Mensch ist überzeugt, dass er, so wie er ist, falsch ist. Im Grunde untragbar für andere. Wie kann dieser Mensch eine richtige Meinung bilden? Selbstbewusstsein schaffen wir mit dieser Grundlage sicherlich nicht. Wer sich schämt, sich zu zeigen, hat auch ein mangelndes Selbstwertgefühl. Für solche Menschen ist die wahre Erscheinung der anderen undenkbar und sie reagieren manchmal abfällig, wie sie es von anderen gelernt haben. Sie werden sauer und neidisch, wenn sie die sinnliche Erscheinung anderer Menschen sehen.

Diese Dinge führen zu späteren Problemen in Bezug auf sexuelle Lustempfindung und Partnerschaft.

Viele suchen den Traum-Partner. Aber es fällt ihnen schwer, ihn zu finden, weil sie ihr wahres Gesicht hinter einer Maske verstecken. Wie kann mich mein Traumpartner erkennen und lieben, wenn ich mich gar nicht zeige und nicht mehr weiß, wer ich bin? Wie kann ich richtig geliebt werden, wenn ich mich schäme? Trotzdem finden wir jemanden, der uns liebt. Diese Liebe kann leicht zu Bruch gehen, wenn man die liebevolle Berührung des Partners nicht immer als angenehm empfindet, weil man sich selbst nicht gut findet und den Körper nicht so richtig spürt. Dies sorgt dafür, dass man ein nicht erfülltes Sexleben hat.

Die rigide Sexualmoral unserer Gesellschaft, die Unterdrückung von Lustgefühlen, anerzogener Scham- und Ekelgefühle, die verfrühte und falsche Sauberkeitserziehung beim Kleinkind verursachen chronische Muskelverkrampfungen im Beckenbereich. Dort ist das Zentrum der Lebensenergie und der Bereich des zweiten Chakras, wo es um Vitalität, Lust und Lebensfreude geht. Dies ist auch der Ort, wo neue Ideen geschaffen werden und wo man spürt, wie gerne man lebt und wie wichtig es ist, Beziehungen zu haben. Das zweite Chakra hat auch mit dem Urogenitalsystem zu tun. Je mehr man diesen Bereich mit Energie versorgt, desto straffer und schöner wird die Haut und die Glückshormone funktionieren. Man hat mehr echte Gefühle, anstelle antrainierter unechter Gefühle. Lust- und Körperfeindlichkeit, Schamgefühle gegen den eigenen Körper sorgen dafür, dass in diesem Bereich die Energie nicht so richtig fließt. Die blockierte Energie in diesem Bereich führt zu verschiedenen Problemen im Beckenbereich und zu sexueller Unzufriedenheit. Man ist einfach nicht beweglich.

Die Probleme des Kreuzbeins, im unteren Rücken, den Nieren, des Dünndarms und der Geschlechtsorgane können mit einem konstruktiven und kreativen Umgang mit Sexualität wieder in einen natürlichen Zustand gebracht werden.

Damit der Körper wieder daran gewöhnt wird, in einem natürlichen Rhythmus zu schwingen, müssen wir lernen, mit der eigenen Lust und Sinnlichkeit konstruktiv umzugehen. Man muss sich darüber Gedanken machen und sich bewusst werden, welche krankmachenden Glaubenssätze einen daran hindern, eine erfüllte und glückliche Sexualität zu haben. Es gibt zwar die Schule fürs Rechnen, Schreiben, Lesen, Kochen und Autofahren, aber nicht dafür, wie man richtig Sex macht, wie man seine

Sinnlichkeit und Lust stärken kann, wo man einen sinnvollen Umgang mit Liebe und Partnerschaft lernt, so dass man in einer glücklichen Partnerschaft leben kann.

Diese Dinge lernen wir nirgends. Man muss sehr lange suchen. Die Eltern sind ein Vorbild in verschiedenen Lebenssituationen und im Umgang damit. Welche Eltern sprechen über diese Themen offen und geben ihre Erfahrungen weiter? Wenn jemand streng erzogen wird oder über solche Themen nicht sprechen durfte, wie kann ein solcher Mensch lernen, mit seinen natürlichen Bedürfnissen des Körpers konstruktiv umzugehen?

In der Göttinnenkultur wurde solch wichtiges Wissen und die entsprechenden Erfahrungen für das erfüllte Leben kultiviert. Der sinnvolle Umgang mit der Sexualität, und dies als Weg zur spirituellen Welt und Erleuchtung, wurden in Tempeln gelehrt, die Menschen wurden darin ausgebildet.

Priester und Schamanen zeigten den Menschen die Kunst der tantrischen Berührung und kultivierten die spirituelle und heilige Sexualität. Die Menschen damals wussten schon sehr früh, was ihre Vorliebe ist, und lebten ihre Sinnlichkeit bei jeder Gelegenheit in ihrem Alltag aus. Die Frauen hatten keine Angst, ihre Sinnlichkeit zu zeigen und sie auszuleben. Die Männer hatten auch keine Angst, mit den Frauen zu flirten und ihre Männlichkeit zu zeigen. Heutzutage gibt es so viele Ängste, wie beispielsweise abgewiesen zu werden, oder die Furcht, dass er etwas Böses will.

Daher herrschte damals sehr lange Frieden, weil der Alltag ausgeglichener und zufriedener war. Seitdem die Menschen lernen, dies zu unterdrücken, fangen sie auch an, ihre unerfüllten Bedürfnisse im Krieg zu finden.

Die Lehre des schamanischen Tantras ist eine alte Tradition von Schamanen und Priestern. Sie wurde seit uralter Zeit im Tempel für tiefe Entspannung, Lösung von Spannungen in den menschlichen Beziehungen, Schulung des sinnvollen Umgangs mit sexuellen Energien, Lösung von Verspannungen, Hochzeitsfeiern, zur Vorbereitung der spirituellen Energiearbeit, wie Astralreise und Begegnung mit Lichtwesen angewendet.

Dafür werden Einweihungen, Energiearbeit, Meditation, Mantras, Mudras, Trommel-Musik und Götter-Tanz angewandt. Diese Dinge helfen uns, viele Masken und Rollen, die wir in der Gesellschaft ständig tragen, abzulegen und das wahre Gesicht zu zeigen. Das natürliche Gesicht der Schöpferkraft, so wie der Gott uns geschaffen hat.

Das geheime Wissen über tantrische Energiearbeit wurde jahrhundertelang unter der Beeinflussung der patriarchalen Gesellschaft der Körper- und Lustfeindlichkeit in ihrer ursprünglichen Art und Lehre verändert. Es gibt nur wenige Lehrer, die die klare Urform des Tantra auf moderne Art zu unterrichten vermögen.

Wenn wir nicht so leben, wie es nach der göttlichen Ordnung sein soll, löst das gesundheitliche Disharmonien aus. Neues Leben entsteht durch sexuelle Energien. So sind wir zur Welt gekommen. Diese Energien fördern die Regeneration auf allen Ebenen, schaffen Neues und regen die Lebendigkeit in uns an.

Mit Schamanischem Tantra können wir die widernatürliche Lebensweise heilen und uns dem Göttlichen zuwenden. Die Schöpferkraft hat den Körper geschaffen, nicht dafür, dass wir den Körper missachten sollen, sondern ihn als Tempel der Seele zu pflegen. Lust und sinnliche Energien regenerieren, vitalisieren und verjüngen uns. Das ist die Voraussetzung für ein gut funktionierendes viertes Chakra, wo es um Liebe und Harmonie geht. Wenn das zweite Chakra gut mit Energien versorgt ist, kann die Energie weiter zum vierten Chakra geleitet werden und es damit versorgen. Wer ein erfülltes Sexleben hat, kann mit vielen Situationen im Leben viel gelassener und entspannter umgehen. Ein Pärchen hat am Anfang der Beziehung viel sinnlichen Austausch. Wenn die Verliebtheitsphase endet, wo das zweite Chakra auf Hochtouren war, sollte das Pärchen durch persönliches Engagement die Liebe wachsen lassen. Schamanisches Tantra hilft immer wieder, es zwischen den beiden knistern zu lassen und sich neu zu verlieben, so dass sie immer genügend Antriebskraft bekommen. Dies hilft, schwierige Zeiten besser zu überwinden und die Beziehung zu erfrischen.

Die Energien des zweiten Chakras sind die Antriebskraft, von der wir uns magisch angezogen fühlen und die uns dazu bringt, uns einzulassen und uns näher kennenzulernen. Das steht für Harmonie mit sich und der Welt. Es wird somit ein harmonisches gemeinsames Miteinander in einer Gruppe, der Ursprungsfamilie oder der Wahlfamilie angesprochen. Liebe wächst durch viele gemeinsame Erlebnisse. Liebe auf den ersten Blick hingegen ist eine starke sinnliche Anziehungskraft auf der Ebene des zweiten Chakras, aus der dann durch gemeinsame Erfahrungen und sich aufeinander Einlassen die Liebe des vierten Chakras entwickeln kann. Daraus entwickelt sich ein Pärchen, das gemeinsam langfristig den Lebensweg geht. Das ist die Funktion des sechsten Chakras, wo es um Vision, den Lebensweg und organisatorische Fähigkeiten geht, sich gegenseitig dabei unterstützen, die Vision zu finden und zu erfüllen. Somit sind alle drei Yin-Chakren, die Göttinnen-Chakren, in Balance, so dass das Paar glücklich gemeinsam mit Freude und Harmonie den Weg geht. Die große Betonung liegt hier auf der tatsächlichen gegenseitigen Unterstützung und nicht auf einer einseitigen Unterstützung, wo ein Partner von dem anderen beherrscht und möglichst viel Lust unterdrückt wird. Das wäre dann eine Beziehung auf der Ebene des dritten Chakras in optimal destruktiv ausgelebter Form.

Wir sind von Natur aus sexuelle Wesen. Wenn wir dies aber verdrängen und nicht ausleben dürfen, wird diese lebensspendende Energie in das Leben zerstörende Energie umgewandelt. Wir werden aggressiv, wütend und hysterisch.

Den Anfang des konstruktiven Umgangs mit sinnlichen Energien lernen wir besonders in der frühen Kindheitsphase. Menschliche Nähe, Zuwendung und Zärtlichkeit stärken die positiven Gefühle in uns.

Ein Kind weint, aber niemand kommt. Das Kind weint noch lauter, um die Aufmerksamkeit zu bekommen. Dann reagieren die Eltern sehr aggressiv auf das Kind. Aber zumindest hat das Kind eine Art von Aufmerksamkeit bekommen. Das ist viel besser als gar keine, weil für ein kleines Kind das Gefühl der Einsamkeit und des Verlassenwerdens unerträglich ist. Mit der Zeit werden das Selbstläufer, so dass das Kind anfängt, etwas zu unternehmen: Geschwister hetzen, Feuer legen, Prügeleien. Die Bedürfnisse der Anerkennung suchen sie, indem sie sich daneben benehmen.

In solchen Fällen sind schamanische, tantrische Berührungen, wie die sinnlichkeits- und lustfördernde Saydiyay-Massage zur Auflösung von Schuld- und Schamblockaden hilfreich. Dies ist ein Ritual mit Massage und Energieübertragung der Göttin und der Rosenengel. Aus diesem Grund weinen viele Menschen dabei manchmal aus der tiefsten Berührung der Seele, lachen ohne Ende und fühlen sich, als würden sie im Himmel schweben. Die Massage sorgt für ein nachhaltiges Glücksgefühl und Zufriedenheit. Eine warme und liebevolle Berührung, nach der wir uns seit der Kindheit so stark gesehnt haben. Gehalten zu werden schenkt ein sehr geborgenes Gefühl, wo alle Angst und Trauer ihren Platz verliert. Sinnliche

Berührungen lösen die Unzufriedenheit auf und erwecken die Sinne für die schönen Seiten unseres Körpers, wie lebendig und kraftvoll man ist, wenn der Körper mit sinnlichen Energien aufgeladen ist.

Die schamanische, tantrische Massage, wie die Saydiyay des Lemurian Tantra nach Walter Lübeck, ist eine neue Hoffnung für Menschen, die wieder ihren natürlichen Zustand des Lustgefühls erlangen wollen, so wie es uns die Schöpferkraft geschenkt hat. Lust ist ein Urgrund des menschlichen Seins; damit sollten wir eins werden. Endlich sind wir da, wo wir uns geborgen fühlen. Aggression und Wut bauen sich ab.

Der ideale Ablauf eines göttlichen, tantrischen Austauschs soll etwa so laufen wie das Wasserelement. Wasser ist das Symbol für Gefühle und Lust. Das Wasser auf der Erde wird von der Sonne erwärmt und ein Teil davon geht in Form von Dampf zum Himmel. Ein Austausch zwischen Himmel und Erde. Wenn in uns viel Feuerelement ist, dann können wir sehr schnell zum Himmel schweben. Feuerelement ist Liebe, Leidenschaft und Sexualität. Mit dieser Energie sollten wir möglichst lange das Wasserelement in uns aufwärmen, indem viele sinnliche Berührungen ausgetauscht werden. In einer heißen Schwingung kommt man immer näher zueinander. Es ist kein Zufall, dass unser Körper aus mehr als 70 % Wasser besteht.

Idealerweise hält man diese sexuelle Energie so lange, bis das Wasser so heiß wird, dass die Lust ihren Höhepunkt erreicht und man die Verschmelzung im ganzen Körper spürt. Ein Teil von uns schwebt nach oben.

Wir spüren einfach, wie schön das ist. Alle Sorgen und Gedanken sind jenseits der Welt. Die leidende Welt existiert nicht mehr und es bleibt nur die Schönheit. Der Dampf vom Wasser erreicht den Himmel und bildet dort Einheit. Ein ekstatischer Orgasmus öffnet das Tor zur Einheit des Göttlichen. Es herrscht Stille und Frieden, und die Einheit durchströmt den ganzen Körper.

Ein Gefühl der tiefen Befriedigung, Ruhe, Entspannung, liebevoller Verbundenheit mit dem Partner, einfach nur ein schönes Gefühl, das durch Ausbreiten der starken sinnlichen Energien hervorgerufen wird, ist die Voraussetzung, um Geist, Körper und Seele in Einheit zu bringen.

Danach hat man das Gefühl, die ganze Welt umarmen zu wollen, man spürt Frieden im Herzen und weiß, wie man Weltfrieden schaffen kann.

Begegnung mit der eigenen Schönheit

Finden Sie heraus, was Ihre individuelle und einzigartige Schönheit ist, was die Göttin Ihnen geschenkt hat. Eine Begegnung mit der Göttin in Ihnen findet jeden Tag statt, wenn Sie sich dafür öffnen, wenn Sie besonders sinnlich in Lust sind. Finden Sie möglichst viele dieser Gelegenheiten in Ihrem Alltag und nutzen Sie Ihre Kreativität.

Wenn Sie trommeln, bitten Sie um Hilfe, damit Sie Ihre Schönheit entdecken können und diese Ihnen immer bewusster wird.

Seitdem wir den Weg der Göttin gehen, das heißt, den Weg der Lust und Liebe, hören wir von vielen Leuten, dass wir viel Freude und Harmonie ausstrahlen, die Augen funkeln, wir haben eine sympathische Anziehungskraft, zeigen eine sinnliche und natürliche Art des Ganges und der Körpersprache.

Man kommt immer näher zu seinem ursprünglichen Sein. So wie wir sind, zeigen wir uns, und das ist kompetent. Es gibt nichts zu verstecken.

Zeigen Sie Ihre Schönheit!

Lieben Sie Ihren Körper und sorgen Sie für sich, indem Sie sich Leckeres und Gesundes gönnen und regelmäßig Massagen und Entspannung genießen.

Streicheln Sie Ihren Körper liebevoll und cremen Sie sich mit gut riechenden, biologischen Dingen ein. Nehmen Sie sich Zeit, Ihren nackten Körper anzuschauen, ohne ihn zu beurteilen.

Erkunden Sie Ihren Körper und finden Sie heraus, welche Berührung Ihnen gefällt. Finden Sie heraus, was Ihnen wirklich gut tut.

Fantasieren Sie, was Sie am liebsten mögen und aufregend finden. Dann machen Sie daraus einen eigenen Film und spüren Sie dabei in sich hinein, wie Sie sich dabei fühlen und wie Ihre Körperwahrnehmung ist.

Schreiben Sie wunderschöne sinnliche Erfahrungen mit den Menschen auf, die Ihnen Glück und neue Erfahrungen geschenkt haben. Dies ist eine magische Zaubersprache, wenn Sie dies lesen, kommen wieder die Gefühle hoch und die Zeit bleibt für die Schönheit stehen.

Schauen Sie sich im Spiegel an und schließen Sie die Augen, bitten Sie um den Segen der Schönheit der Göttin, bitten Sie sie, Sie mit ihrer Energie zu segnen. Öffnen Sie dann die Augen und schauen Sie sich noch einmal an.

Gehen Sie raus und treffen Sie andere Menschen. Flirten Sie und locken Sie die Menschen, einfach um Spaß zu haben. Schenken Sie Ihr liebvolles Lächeln und anziehende Blicke.

Schreiben Sie Ihrem inneren Geliebten oder Ihrer inneren Geliebten einen Brief oder ein Gedicht, was Sie an ihm oder ihr am schönsten finden.

Gedichte von Junghee Jang

Der Lustengel

Komm goldenes Licht zurück zu mir
Den Duft meiner Heimat spüre ich wieder
Millionen Sternchen leuchten in mir
Flüstern höre ich
Schwimme in den Fluss des Lebens
Dann kommt die Lust der Göttin zu dir
Glitzernde, blau-silbrige Schmetterlinge vom Wind hergeweht
Landen auf mir
Heißer Dampf des Atems verwandelt sich in tausende Blätter von roten Rosen
Fallen überall hin
Sternchen jubeln und springen

Graue Wolken von Gedanken bedecken mich
Ich kann nicht, meine Sternchen
Alleine bin ich, wer kann noch dieses Licht spüren?
Kraftvoller Strom der Sonne kommt zu mir
Die Wellen des Ozeans kann ich nicht mehr aufhalten
Funkelnde Lichter werden immer stärker und stärker
Das Feuer in meinem Herzen wird immer größer und größer
Bringe dieses Feuer in die Welt hinaus
Ich habe solche Angst, meine Sternchen!
Wenn ich ins Wasser springe
Kann ich mich wieder finden?
Halt mich fest
Der Mut der Göttin ist bei mir
Abenteuer beginne ich mit dir
Rückkehr der drei Strahlenden Engel fackelt
Kälte der Angst
Oh, schön ist das Leben!

Abenteuer

Über den Berg und die Drachenschlucht hinaus
Kommen wir zu den magischen Tannenbäumen
Verschwindet all unser Seufzen in dunklen Schatten
Rauschende Ruhe formt eine kreisende Welle im Herzen
Lass uns all die Masken auf den Boden fallenlassen
Bleibt nur das wahre Ich
Liebeslandkarte falten wir aus
Gemeinsam den Schatz suchen
Deine Hand ist alles, was ich für die Reise brauche
Halte mich fest und wir springen ins wild gewachsene Gras hinein
Wir landen auf dem grünen Moos-Bett
Geschützt im heiligen Kreis des Tannenbaums
Himbeeren stärken unsere Lippen durch ihren süßen Geschmack
Mit Lust sind wir eins
Machen Musik der Leidenschaft
Schmetterlinge fliegen tanzend hinein
Gesegnetes Wasser vom Himmel fließt auf deine Wimpern
Flattern zu meiner Seele
Fließt alle Last unter die Erde
Zwei Tropfen Wasser vereinigen sich vibrierend
Im Funkeln deiner Augen sehe ich mich
Wo unser Schatz ist!
Ins Geheimnis deiner Augen fliege ich hinein
Ich finde dort die Sterne der Kinder
Freude des Wiedersehens
Öffnet die Welle des Ozeans
Glücklich ruhe ich mich dort aus
Bis ich mich wiederfinde

Du bist überall

Der Wind weht durch die Wolke
Tanzt sanft und freudvoll
Formt ein schönes Gesicht
Der Wind weht durch die Wolke
Zeigt einen silbernen Vollmond
Erleuchtet mein Herz
Wie die Sterne funkelt mein Geheimnis
Schüchtern versteckt sich der Mond hinter den Wolken
Fröhliches Lachen verbreitet sich in seinem Gesicht
Der Wind weht durch meine Haare
Ein sinnlicher Duft
Formt mich zu einer Rose
Licht tropft auf die Rose
Die ganze Knospe vibriert
Herrlicher Duft verbreitet sich überall
Der Bote des Windes
Reitet überall in die Welt
Wo du mich wieder findest
Wundervolle Rhythmen der Duft
Macht Musik in meinem Herzen
Wir tanzen gemeinsam
Bis wir uns wieder sehen

Die Autoren

Mark Hosak und Junghee Jang

Junghee Jang: 1997–1998 Aufenthalt in Japan: Meditation und innere Kampfkünste, Bekanntschaft mit japanischer Heilmethode Reiki

Deutschland: 2006 Rainbow Reiki/Usui Reiki Meister/Lehrer Ausbildung. Seit 2006 Magic Dance und Magic Power Drums Ausbildung, 2007 AMH 2008 Master Instructor für Saydiyay Tantra-Massage, 2008 Drei-Strahlen-Meditation-Ausbildung bis zur DSM 4 Stufe.

Weitere Fortbildungen: Orientalischer Bauchtanz, moderner Jazz-Tanz, kubanische Salsa, Klangschalen-Massage, Balinesischer Schamanismus, Yoga, Tai Chi, Taekwondo

Auftritte: Seit 2008 Schamanisches Heiltrommeln, Klang- und Gesang-Konzerte in der Heidelberger Theatergruppe „Nachtgestalt", 2006 Schamanisches Trommeln und Tanz in Saarbrücken auf der »Grenzenlos Messe« mit Walter Lübeck and Friends.

Ich bin im Jahr 1973 am 2.7. nach dem Mondkalender in Südkorea in einem kleinen Dorf namens Nonsan geboren, das besonders bekannt für seine Erdbeeren und den schönen Sonnenuntergang ist. Hinter dem Haus, wo ich aufgewachsen bin, war ein großer Bambuswald. Bambus hat etwas mit Aufrichtigkeit zu tun. Diese Bedeutung ist in den Schriftzeichen meines Namens enthalten. Das Rauschen der Blätter hat damals mein Herz belebt. Ich konnte stundenlang das Knistern des Windes anhören und das Hin-

und Herschwingen war für mich besonders aufregend. Vielleicht war der Bambus mein erster Lehrer für den Rhythmus der Natur. Bambus gehört, auch wenn er so groß ist, zu den Gräsern. Bambus wächst sehr schnell. Vom Wind wird er gebogen und dann schnellt er wieder empor zum Licht. Er wächst am liebsten in Gruppen und bildet unter der Erde ein verflochtenes Wurzelwerk, weshalb ein Bambuswald sogar bei Erdbeben schützt. Mein Dorf lag zwischen Reisfeldern, Bächen und Bergen. Der Kae-Ryong-Berg ist ein bekannter Berg in meiner Heimat. Seine Form ist wie ein Drache, der zum Himmel aufsteigt. Jeder Berg in Korea ist mit dem Mutterberg Baek-Dou verbunden. Dort ist auch der Geburtsort der Erdkraft. Vom Tiefsten der Erde kommt Lebensenergie durch diesen Berg in Höhe von 2744 m und verbreitet sich in den ganzen Bergen von Korea. Das nennt man bei uns Meridian-Linie der Berge (Ley-Line) oder auch die Wurzel, wo die Lebensenergie der Erde über den Mutterberg in den anderen Bergen, Städten und Dörfern verteilt wird. Koreaner glauben, dass das ganze Land wie ein lebendiges Wesen ist, das diese Energie vom Mutterberg mit jedem Atemzug einatmet. Ich stieg regelmäßig auf die Berge und fühlte mich dort viel besser als in den Städten. Ich liebte die Ruhe und Inspiration, die mir die Natur schenkte. Meine Eltern wollten unbedingt einen Sohn haben, was in einem konfuzianischen Land wie Korea ein ganz typischer Wunsch ist. Aber sie haben es nicht geschafft und stattdessen nur sechs Töchter zur Welt gebracht, von denen ich die fünfte bin. Meine Vorliebe für Musik, Tanz und Dichtkunst kam von meiner Mutter. Ich habe seit Kindheit öfters gesehen, wie meine Mutter sich damit selbst erfreute und dies ihre Lebensfreude steigerte. So wusste ich schon früh, was es bedeutet, in Rhythmen mitzuschwingen.

Korea ist für seine außergewöhnlich alte Tradition der Trommel bekannt. Auf fast jedem Volksfest trommeln die Koreaner auf ihren Trommeln und auch auf anderen Gegenständen und tanzen dabei. Die Koreaner sind ein leidenschaftliches Volk. Rhythmen und Klänge der Trommel, die das Leben zum Glück erwecken, haben verborgene Talente in mir erweckt, mir den Weg der Schamanin gezeigt, damit ich noch besser den Menschen Mitgefühl zeigen und ihnen helfen kann, ihren eigenen Lebensweg zu gehen, so wie ich den meinen gegangen bin und weiter gehen möchte. So bin ich von klein auf vom Tanzen, Malen und Schreiben begeistert – alles

Tätigkeiten, die das Leben schöner machen und zum Ausdruck bringen, was man tief im Herzen hält. Meine Mutter nahm mich öfters mit zu den Tempeln und Kraftorten. Ein Ort hat mich besonders berührt, wo eine große buddhistische Stein-Skulptur des Buddha Maitreya (Buddha der Zukunft) war. Sein beruhigender Gesichtsausdruck hat mich zu tiefer innerer Ruhe geführt. Ich sprach mit ihm über meine Träume, Wünsche und Leiden und tankte bei ihm Kraft für den Alltag. Somit begann der Weg des Bodhisattvas, wo ich viele Menschen zu den Kraftorten bringe und ihnen die Gelegenheit gebe, ihre Wünsche und Hoffnung mit Hilfe der Lichtwesen realisieren zu können.

Obwohl meine Familie groß war, war ich öfters einsam. Als ich in die Grundschule ging, hatte ich den Wunsch gehabt, eine Freundin zu haben, und begann davon zu träumen. Ich malte sie auf ein Papier und machte daraus ein Puppenspiel. Mein Wunsch wurde von Tag zu Tag stärker und ich fing an zu beten. Diese handgemalte Figur habe ich an einem sicheren Ort aufbewahrt und wartete darauf, dass mein Traum eines Tages in Erfüllung ginge. Ein paar Tage später ging ich zur Schule und dort erfuhr ich, dass ein neues Mädchen gekommen war. Sie sah genauso aus, wie ich sie gemalt hatte. Ich ging zu ihr und zeigte ihr die Schule und somit begann eine schöne Freundschaft. Damals konnte ich nicht glauben, dass mein Ritual etwas bewirkt hatte. Danach habe ich dies und jenes gewünscht, was jedoch nicht in Erfüllung ging. Ich wusste damals nicht, wie wichtig es ist, von ganzem Herzen zu wünschen. Heute weiß ich natürlich besser, wie das geht, und kann Wunschrituale viel effektiver gestalten.

Meine erste Erfahrung mit außersinnlicher Wahrnehmung war, als ich 14 Jahre alt war. Meine Tante war gestorben. Ich hatte gehört, dass sie krank war. Als ich bei ihr war, waren dort viele Gäste. Es war dunkel und die Stimmung war ein wenig beängstigend. Irgendwie fühlte ich mich nicht wohl und versteckte mich hinter meiner Mutter. Jeder musste in den Raum eintreten, wo die Verstorbene hinter einem Vorhang lag und wo die ihr Nahestehenden ein Todesritual mit Wein-Zeremonie machten, wo ein Mann oder eine Frau die ganze Zeit laut weinen mussten, um ihr Mitleid zu zeigen. Als ich das sah, kamen schon Tränen und Trauer hoch, obwohl ich meine Tante nicht näher kannte. So wollte ich nicht in den Raum hinein. Ich saß in einer Ecke und beobachte, wie meine Mutter zu dem Ehemann und Sohn der Tante sprach, um ihr Beileid auszudrücken. Da kamen plötzlich Bilder hoch, die nichts mit meiner Erinnerung zu tun hatten, sondern die Erinnerungen der Tante waren. Ich sah, wie sie gelitten hat und wie viel Trauer und Wut sie runterschlucken musste. Das tat weh. Alle schauten mich verwundert an, warum ich so heftig weinte. Später habe ich mit meiner Mutter gesprochen, wie das Leben der Tante war. Sie bestätigte mir, dass es genauso war, wie ich es gesehen hatte. Hat die Tante mir dies gezeigt, oder war das das Echo des Raumes, wo sie wohnte? Ich machte ein Gebet für sie und wünschte ihr alles Gute.

In Korea ist es üblich, die Ahnen zu ehren, in Form von Ritualen und Opferungen. Man sucht für sie einen schönen Platz mit gutem Fengshui für das Grab und kümmert sich darum mit schönen Steinen und Blumen. Man glaubt, dass dies Erfolg und Gesundheit in der Familie unterstützt. Meine Mutter betete regelmäßig bei Vollmond mit einer Wasserschale für die Familie. Sie ging auch in buddhistische Tempel und opferte etwas, damit die Familie gesund bliebe und alles gut liefe. Der Mond war auch einer meiner Lieblingsfreunde, dem ich mein Herz geöffnet habe. Ich betete für das bessere Leben, wo ich mich selbst entscheiden kann, wie ich lebe. Dieses Ritual mache ich noch heute beim Reiki-Geben, bei der Meditation und schamanischen Rituale. Es gibt in Korea eine schamanische Tradition namens »Gut«. Da geht es darum, dass eine Frau mit außergewöhnlichen Gewändern und einer Rassel ekstatisch tanzt. Das Ziel dabei ist, böse Geister der Menschen zu vertreiben, die als Ursachen für Krankheit dargestellt werden. Sie channelt dabei ein Lichtwesen und lässt die heilenden Energien durch sich herunterkommen. Viele sagten mir, dass es manchmal, wenn ich tanze und mich einfach gehen lassen, ähnlich aussieht wie der Tanz der Schamanin. Als ich während meiner Rainbow Reiki Ausbildung das erste Mal Krafttier-Tanz machte, ging es richtig ab. Ich war ein fliegender Drache, der in der Luft Feuer speit. Da dachte ich mir, wenn ich das früher schon gekonnt hätte, hätte es noch mehr Spaß gemacht.

Eine nahe stehende Verwandte wurde von einem Gott gerufen, dass sie dieses schamanische Tanzritual als Berufung machen soll. In Korea heißt es, wer sich dem verweigert, dem wird ein Unglück passieren. Damals fand ich dies nicht gut, und jetzt verstehe ich es besser. Je mehr ein Mensch von seinem Lebensplan abkommt, zu dem er sich vor der Geburt entschieden hat, desto ungemütlicher wird das Leben. Sie wollte anfangs nicht, aber musste das machen, weil sie immer kränker wurde. Seitdem sie sich nun doch für diesen Weg entschlossen hatte, ging es ihr besser. Es gab in meinem Leben eine immer wiederkehrende Frage, die mich unruhig machte. Es fehlte mir etwas, ich wusste aber nicht was. Eine Hoffnung oder etwas, dass mir sagte, dass da in meinem Leben etwas auf mich wartet. So kam ich auf die Idee, nach Japan zu gehen. Da ich noch unschlüssig war, ging ich zu der oben erwähnten Schamanin. Ich hatte gedacht, dass sie völlig anders aussehen würde als normale Menschen. Sie war aber ganz normal und hatte eine Familie. Damals ahnte ich nicht, dass der Weg der Göttin als Schamanin sich eines Tages als meine Berufung herausstellen würde. Sie sagte, dass dort in Japan etwas auf mich wartet, was mein Leben bereichert und zum Überfluss bringt und dass ich dort jemanden kennenlerne werde, der mein Leben liebevoll begleitet kann. Als ich Mitte 20 war, ging ich nach Japan. Dort blühte meine Begeisterung für die Natur auf. In Japan gibt es viele Kraftplätze und buddhistische Tempel mit enorm mystischer Ausstrahlung. In heilsamen heißen Quellen in der Natur, die meinen Geist und Körper reinigten, kam ich immer näher zu mir. Die Meditation in den Tempeln und auf heiligen Bergen gab mir viele Visionen und Inspirationen. Dort habe ich die japanische Heilmethode Reiki kennengelernt, und das ist der Anfang der schamanischen Heilung. Wie die Schamanin mir sagte, lernte ich in diesem Zusammenhang meinen Lebensgefährten kennen, mit dem ich heute glücklich zusammenlebe.

Die Entscheidung war nicht so einfach. Als ich unschlüssig war, ob ich meinem Herz folgen und nach Deutschland kommen oder einfach in der gewohnten Umgebung Korea leben sollte, hatte ich einen schweren Autounfall. Mark hat mir damals geholfen, mit Hilfe des Aura-Chakra-Lesens und Channelings die Ursache und die spirituelle Bedeutung dafür herauszufinden. Der Unfall war ein Wink mit dem Zaunpfahl, dem Weg meines Herzens zu folgen, dass in meinem Leben etwas besonderes auf mich wartet. Um die Liebe zu vervollständigen, kam ich nach Deutschland und lebe seit Ende 2001 in Deutschland. Der Weg der Liebe hat mir den Weg zu mir selbst gezeigt und ich lerne mehr, mich zu lieben. Hier bekam ich mehr Chancen, Reiki in voller Tiefe kennenzulernen.

Nach einem Autounfall ging es mir psychisch und körperlich sehr schlecht. Als ich dann den ersten Grad Rainbow Reiki lernte, fühlte ich mich sehr gut damit, weil nach und nach eine tiefe Heilung auf allen Ebenen eintrat. So habe ich die Motivation erhalten, noch mehr Reiki zu machen. Weil das so erfolgreich war, fing ich an, andere zu behandeln. Das hat viele Menschen erfreut und ihnen die Möglichkeit gegeben, gesund und glücklich zu werden. Als ich das positive Feedback hörte, wusste ich, dass es Reiki ist, was mir Spaß macht. Ich habe erkannt, wie wertvoll ich für andere sein kann. In Deutschland konnte ich mich richtig entfalten und mich von den Dingen trennen, die mich hindern, mein Weg zu gehen. Das Gebet an den Mond ist erhört worden, dass ich mein Leben bestimmen kann. Zunächst begann ich bei Mark die Rainbow-Reiki Meister/Lehrer Ausbildung zu machen und wurde so immer vertrauter mit der heilerischen Tätigkeit. Die Ausbildung im White-Feather Schamanismus bei Mark und Walter half mir, meine Talente zu entdecken. So konnte ich nach und nach den Schatz finden, der seit meiner Kindheit in mir schlummerte. Es hat zwar etwas gedauert, bis ich sagen konnte, dass ich glücklich bin, aber der Weg dahin ist schön. Mit dem schamanischen Weg habe ich erkannt, diesen glücklichen Weg in meine Hände zu legen. Ich habe mein Leben komplett geändert, natürlich nicht auf einmal, sondern Schritt für Schritt. Dabei habe ich vieles durchgemacht, was mich einiges an Mut gekostet hat. Jedes Mal war ich bei einer ernsthaften Entscheidung nicht allein. Die spirituellen Wesen waren bei mir und haben mir geholfen, den richtigen Weg zu gehen. Der richtige Weg ist, wo ich die Chance habe, mich zu entwickeln, mehr lieben zu lernen und die Erfahrung für den besseren Weg zu nutzen. Ich lerne gern immer wieder Neues und das hilft, mein Werk zu vervollständigen. So kamen im Laufe der Jahre noch die Ausbildungen zum Lehrer für Magic Dance & Magic Power Drums, Advanced Metaphysical Healing, Saydiyay-Tantra-Massage und die Drei-Strahlen-Meditation hinzu. Seit 2006 trete ich auf Messen und im Theater mit dem von mir entwickelten Schamanischen Heiltrommeln auf. Rainbow Reiki, Trommeln, Klangschalenmasssage, Schamanismus, Saydiyay-Tantra-Massage, Drei-Strahlen-Meditation, Yoga, Tai-Chi, Spirituelle Wirbelsäulentherapie, orientalischer, moderner und kubanischer Tanz und vieles mehr sind heute ein fester Bestandteil meines Weges. Ich lebe gern, weil es mir Spaß macht, mein wahres Gesicht zu zeigen, das Gottgewollte Sein immer wieder von Neuem zu entdecken. Das ist echt lustig!

Kontakt: Tel: 06271-947957
www.reiki-do-institut.com oder www.schamanische-heiler-ausbildung.de
jungheejang@reiki-do-institut.com

Mark Hosak: Ich lebe gern und deswegen lebe ich auch intensiv. Es war in meinem Leben immer wichtig, nicht stehenzubleiben, sondern voranzugehen.

Als ich klein war, habe ich viele Geschichten gehört, die mich sehr ansprachen, besonders dann, wenn es um Magie und Zauberei ging. Irgendwann wurde mir jedoch erzählt, dass das alles nur Märchen seien und diese natürlich nichts mit der Realität zu tun haben. Das hat mich sehr enttäuscht. Dennoch spürte ich tief in meinem Herzen, dass da etwas Wahres dran ist und dies mit meinem Weg zu tun hat. Da es kaum jemanden gab, der dafür Verständnis hatte, bin ich oft in die Natur in den Wald gegangen und habe mich dort mit den Spirits unterhalten und mit ihnen gespielt.

Mit etwa sieben Jahren begann ich in einem kleinen Wäldchen eine Behausung aus Ästen und Blättern zu bauen. Zwanzig Jahre später sah ich erstmalig in einem Museum, dass es die gleiche Form der Behausung mit deckungsgleicher Bauweise schon einmal gegeben hat. Aufgrund meiner Erziehung durch Eltern und Schule verblasste die Fähigkeit, mit Spirits zu kommunizieren, zunächst einmal. Dies fand ich sehr schade, doch konnte ich nichts dagegen tun. Erst viele Jahre später bekam ich die Gelegenheit, durch intensives spirituelles Training diese Fähigkeiten zurückzugewinnen und auszubauen. Als Kind hatte es den Nutzen zu spielen und Freunde zu haben, heute hat es den Nutzen, meinen schamanischen Weg als Geistheiler und Spiritueller Lehrer zu gehen.

Reisen mit meinen Eltern in südostasiatische Länder wie Indonesien oder Malaysia schenkten mir immer wieder Kontakt zu Kulturen, wo der Umgang mit Spirits Gang und Gäbe ist. Und genau dort lebte mein Herz jedes Mal auf.

Eines Tages fiel mir eine Zeitung mit chinesischen oder japanischen Schriftzeichen in die Hände. Ich fühlte mich von ihnen wie magisch angezogen und fragte meinen Vater, ob ich das lernen darf. Der meinte, dass das viel zu schwierig sei und mindestens zwölf Jahre dauere. Wie er gerade auf die Zahl zwölf kam, kann ich nicht sagen, vielleicht dachte er sich, dass dies eine enorm große Zahl für mich sei, da ich selber gerade einmal sechs oder sieben Jahre alt war. Wie dem auch sei, etwa zwölf Jahre später begann ich intensiv, Chinesisch und Japanisch zu lernen. Weder als kleines Kind noch als ich begann, diese Sprachen zu lernen, wusste ich, dass diese Schriftzeichen etwas mit Schamanismus und Magie zu tun haben und eine ganz wichtige Rolle in meinem Leben spielen werden.

Meinen eher schlanken Körperbau sahen einige Kinder in der Schule immer wieder als Anlass, mich zu ärgern oder zu verprügeln. Eines Tages schützte ich mich verbal vor einer Horde von Kindern, indem ich ihnen erzählte, dass ich Karate könne, obwohl ich nicht einmal wusste, was das ist. Als ich dem einen dann noch seine Wasserpistole aus der Hand trat, hatten alle Respekt und ich kam diesmal auch ohne ein blaues Auge davon. Dieses Erlebnis inspirierte mich, japanische Kampfkünste zu lernen, doch waren meine Eltern dagegen. Erst als in Bremen in der Nachbarschaft eine japanische Internatsschule öffnete, erlaubte meine Mutter mir, dort Kampfkunst zu lernen, sofern es überhaupt einen Lehrer gebe. Und den gab es. So kam ich in den Genuss, Privattraining bei einem japanischen Meister zu genießen, dem ich als Gegenleistung dafür Deutsch beibrachte. So hatte ich immer wieder Kontakt mit Japanern, ihrer Kultur und ihren Schriftzeichen, was mein Herz erfreute.

Durch einen Zufall fiel mir eines Tages ein Buch über Hypnose und Geistheilung in die Hände. Ich nutzte die dort beschriebenen Inhalte, um besser lernen zu können und um das eine oder andere in meinem Leben zu verbessern, soweit dies aus einem Buch anwendbar war. So stieß ich bald auf Grenzen und es kam der Wunsch in mir auf, mehr von solchen Dingen zu lernen.

Als ich mit 18 Jahren das erste Mal nach Japan ging, ließ ich mich dort von der Natur, den Tempeln und den japanischen Spirits begeistern, wie sie meine japanischen Gasteltern immer bezeichneten. Die Menschen in Japan gehen mit Spirits, seien es Buddhas oder Waldgeister, ganz natürlich um. Japan ist ein Land, in dem spirituelle Traditionen nicht bekämpft oder ausgerottet werden. So gibt es dort bis heute in ununterbrochener Tradition den japanischen Schamanismus Shintô, die japanische Magie Shugendô, den esoterischen Buddhismus Mikkyô und darin eingeflossen viele daoistische Elemente. In allen diesen Traditionen gibt es viele Spirits, denen man in Japan besonders leicht begegnen kann. Und genau das und die damit einhergehenden Energien haben mich besonders begeistert. Wie in meiner Kindheit spürte ich tief in meinem Herzen, dass dieses Land und das Spirituelle mit meinem Weg zu tun haben. So schwor ich mir, eines Tages länger nach Japan zu gehen, um dort zu lernen.

Während des Zivildienstes kam ich erstmals mit Reiki in Kontakt. Ich war damals in der Altenpflege tätig und ging zu den Menschen nach Hause, um sie zu pflegen und zu unterhalten. Eine 88-jährige Frau, eigentlich mein schlimmster Fall, da sie halbseitig gelähmt war, versetzte mich immer wieder in Staunen. Irgendwie schaffte sie es, alle alltäglichen Dinge alleine auf die Beine zu stellen, immer glücklich und zufrieden zu wirken. Immer wenn ich in dieses Haus kam, hatte ich das Gefühl, angehoben zu werden, als sei es dort viel heller als woanders. Eines Tages schenkte ich der Frau Blumen zum Geburtstag, die wochenlang nicht verblühten. Auf meine Frage, was sie denn damit mache, hielt sie ihre eine noch bewegliche Hand über die Blumen und lächelte mich an. Sie erzählte mir, dass sie Reiki gebe und dass ich unbedingt ihren Sohn kennenlernen solle, da dieser dies viel besser erklären könne. So kam es bald zu einem Treffen mit diesem außergewöhnlichen Mann, der viele Jahre Astrophysiker bei der NASA war und mir nun etwas von einer spirituellen Lebensenergie namens Reiki erzählte. Seine unter anderem auch wissenschaftlichen Beschreibungen und Vorführungen dazu waren so spannend, dass ich es zwar kaum glauben konnte, aber unbedingt ausprobieren wollte, ob da etwas Wahres dran sei; denn bisher war ich hier im Westen nur solchen Leuten begegnet, die übernatürliche Dinge ablehnten. Auch hier spürte ich wieder in meinem Herzen, dass diese Begegnung mit meinem Weg zu tun hatte. Und so begann ich, Reiki zu lernen. Dort erkannte ich, dass Reiki etwas im Rahmen von magischen Symbolen mit den chinesischen Schriftzeichen zu tun hat und wusste bald, dass sich hier einige Mosaikstücke zusammensetzten.

Danach ging ich nach Heidelberg, um dort Ostasiatische Kunstgeschichte und Japanologie zu studieren. Ich wählte gerade diese Uni, weil es dort eine Fächerkombination im Zusammenhang mit Japan, China und den so lieb gewonnenen Tempeln und Gärten gab.

Mein Ziel war es, eines Tages nach Japan zu gehen. Und so kam es auch. Ich schloss nach drei Semestern die Zwischenprüfung ab, bewarb mich für mehrere Stipendien, damit es wenigstens bei einem klappte, und bekam gleich zwei. So hatte ich die Gelegenheit, knapp drei Jahre nach Japan zu gehen, um dort meine Japanisch-Kenntnisse zu vertiefen und mein Forschungsthema »Die Wechselbeziehungen zwischen buddhistischen Ritualen und Tempel-Architektur« zu erforschen. Dort in den Tempeln entdeckte ich bald die hier im Westen so genannten »geheimen« Reiki-Symbole. Sie waren dort öffentlich zugänglich und in fast jedem Tempel sichtbar. Dies berührte einmal wieder mein Herz und ich änderte mein Forschungsthema in: »Die Wechselbeziehungen zwischen buddhistischen Ritualen und Siddham-Symbolen«. Siddham ist einerseits die Sanskrit-Schrift und andererseits sind es ursprünglich magische Symbole, die in Ritualen des Esoterischen Buddhismus sowie auch Hinduismus Verwendung finden. Das Mentalheilungs-Symbol des Reiki ist eines davon. Und genau über dieses Symbol habe ich dann an der Uni Heidelberg meine Magisterarbeit geschrieben. Das war die Grundlage für das 2004 erschienene »Große Buch der Reiki-Symbole«.

Seit einigen Jahren beschäftige ich mich mit einer Folgearbeit im Rahmen Dissertation über »Die Siddham-Schrift in der buddhistischen Kunst im Zusammenhang mit Ritualen der Heilung«.

Mein Professor in Japan erwähnte einmal, mehr oder minder in einem Nebensatz, dass es im Urwald von Japan, auf einer bestimmten Insel namens Shikoku, eine 1300 Jahre alte Pilgerfahrt mit 88 Tempeln gibt, die der Mönch Kukai (744–835) gegründet hat, und man diese bis heute tun kann. Und wenn man das täte, dann würde dieser Mönch, der natürlich schon verstorben ist, einen trotzdem irgendwie begleiten. Das hat mich sehr beeindruckt. Es hat richtig in meinem Herzen geprickelt und ich wusste, da muss ich ganz schnell hin. Nach zwei, drei Wochen machte ich mich auf den Weg zu der Insel Shikoku und wanderte von Tempel zu Tempel. Es hat nicht lange auf sich warten lassen, bis ich erfahren durfte, was echte

Wunder sind und was es bedeutet, dass der Mönch Kukai einen Pilgerer begleitet. Was ich anfänglich nicht wusste, war, dass diese Pilgerfahrt etwas mit Schamanismus zu tun hat und ich diesen sodann live erleben durfte.

Wirklich jeden Tag erlebte ich mehrere Dinge, die, wenn ich sie hier alle erzählen würde, einerseits unglaublich erscheinen und andererseits ein Buch füllen würden. Dieses Buch existiert bereits in japanischer Sprache. Mein japanischer Professor hatte mir aufgetragen, es zu schreiben. Hier folgen nun ein, zwei Erlebnisse von der Pilgerfahrt, die mein Leben sehr prägten.

Gleich am ersten Tage hatte ich irgendwo in den Reisfeldern nach dem Weg gefragt, wo es zu dem Tempel Nr. 4 ginge. Bei der Frau, die mir den Weg beschrieb, gab es einen Hund, der einfach mit mir mitkam. Ich dachte mir, dass er bald zurückkehren würde. Jedoch ist er bis zum nächsten Tempel mitgekommen und verschwand erst, als ich das Tempeltor von Weitem entdeckt hatte. Als ich weiter zu Tempel Nr. 5 gehen wollte, kam ich irgendwann an eine Weggabelung, wo man geradeaus oder links gehen konnte. Ich dachte mir, es sei vielleicht nützlich, links zu gehen, weil ich vorher schon einmal irgendwann ein Schild gesehen hatte. Als ich dann links gehen wollte, tauchte auf einmal dieser Hund von vorher wieder auf. Er bellte mich an und lief immer so hin und her, als wollte er mir zeigen, dass ich den anderen Weg gehen sollte. Ich dachte mir, dass das ja wohl nicht wahr sein kann, dass mir hier so ein Hund den Weg zeigen will. Doch er ließ nicht locker, bis ich mich entschloss, ihm zu folgen. Nun lief der Hund die ganze Zeit neben mir her. Es dauerte etwa zehn Minuten bis zu einem Wegweiser zum Tempel Nr. 5. Der Hund hatte also Recht. Nachdem ich diesen Wegweiser genau betrachtet hatte, schaute ich zu dem Hund, doch der war nicht mehr da. Das verblüffte mich noch mehr. Als hätte er sich in Luft aufgelöst. Als ich Monate später die Biografie des Mönches Kukai las, stand darin eine ähnliche Geschichte, wo Hunde ihm den Weg durch den Wald zeigten, die verschwanden, als er am Ziel angekommen war. Dort steht beschrieben, dass der Hund ein Bodhisattva sei, der sich als Hund manifestiert, um den Wesen dieser Welt zu helfen.

Einige Tage später, als ich mich im Wald verlaufen hatte und es schon dunkel wurde, gab es im Wald eine Statur von dem Mönch Kukai aus Stein an einem alten knorrigen Baum. Damals wusste ich nicht, dass so ein alter knorriger Baum ein Zeichen für einen Kraftplatz ist, wo ich wohl irgendwie hingeführt wurde. So nahm ich über die Fernbehandlungstechnik des 2. Grades Reiki Kontakt zu dem Mönch Kukai auf, um ihn nach dem Weg zu befragen; denn es heisst ja, dass Kukai die Pilgerer begleitet und führt. Sogar auf meinem Pilgerhut steht eine Kalligrafie, die besagt, dass man immer zu zweit geht, auch wenn man alleine ist. Ich hatte keine Ahnung, was passieren würde, doch kaum hatte ich den Kontakt aufgebaut, verwandelte sich diese Statur in den lebensechten Mönch in einem weißgoldenen Leuchten. Und ich fragte: »Lieber Mönch Kukai, ich habe mich verlaufen, bitte sage mir, wohin soll ich gehen?« Er lächelte und sagte: »Ganz einfach, gehe den Weg deines Herzens.« Ich fragte weiter: »Mache ich gerne, aber wo ist denn der Weg meines Herzens? Wie mache ich denn das?« Und dann meinte er, dass ich das schon wüsste. Die lebensechte weißgoldene Erscheinung verblasste und ich stand im Dunkeln vor der kaum noch sichtbaren Skulptur.

Im ersten Moment fühle ich mich nicht viel schlauer als vorher, weil ich eigentlich eine konkrete Wegbeschreibung erwartet hatte. Heute kenne ich den Weg meines Herzen schon mehr, habe aber im Laufe der Jahre gelernt, dass es noch viel zu entdecken gibt. Jaja, der Weg ist das Ziel.

Aus Japan zurückgekommen lernte ich meinen spirituellen Lehrer Walter Lübeck kennen. Bei ihm lernte ich neben Rainbow Reiki und Schamanismus bis in die höchsten Grade auch, das Leben immer glücklicher, harmonischer und sinnlicher zu gestalten.

Eine wichtige Erkenntnis auf diesem Weg war, dass ich mein Potenzial besonders entfalten kann, wenn ich Verbindungen zwischen den Themen, die mein Herz erfreuen, entdecke. Oft wurde mir gesagt, dass viele Dinge, die ich tue, nicht zusammen passen, wie zum Beispiel Kampfkunst und Heilkunst oder Wissenschaft und Spiritualität. Immer dann, wenn ich Verbindungen entdecke und lehre, bekomme ich Zugang zu einem enormen spirituellen Wissen, mit dem ich die Herzen anderer erfüllen kann. Daher lehre ich von Herzen gerne und bin hauptberuflich als spiritueller Lehrer und Wegbegleiter tätig, sei es für einzelne Personen als Wegbegleiter, Lebensberater oder Geistheiler, sei es als spiritueller Kampfkunst-Lehrer, sei es als Sprach-Dienstleister Japanisch für Firmen oder als Kampfkunst-Lehrer.

Natürlich gab und gibt es auch Zeiten der Unsicherheit, wo es mir schwer fiel, meinen Weg zu finden. Bisher habe ich aber immer wieder einen Weg gefunden, meine unterschiedlichen Interessen zusammen in meinem Leben unterzubringen und beruflich zu nutzen. Dadurch habe ich gelernt, dass es sich umso angenehmer lebt, je mehr man seine Hobbys zum Beruf macht.

Wie im Leben eines jeden Menschen gab es auch in meinem die Notwendigkeit, aus der in der Kindheit erlernten Selbstdefinition in das, was ich wirklich bin, hineinzuwachsen. Durch spirituelle Methoden und Erfahrungen wie zum Beispiel mit Schamanismus, Reiki und Meditation, Pilgerfahrten und Mantrenarbeit erfuhr ich große Hilfen auf dieser Reise zu mir selbst. Wenn ich nicht mehr weiter wusste, kam der Segen von oben und öffnete mir Türen, wo vorher nur Mauern zu sein schienen. Nachdem ich verstanden hatte, dass es sich viel besser lebt, wenn Spirituelles im Alltag einen festen Platz findet, erwachte in mir der Wunsch, dieses schöne Geschenk auch an andere weiterzugeben.

Durch meine vielseitigen Qualifikationen als Lehrer in den oben genannten Themen, die ich mir in den folgenden Jahren erwarb, erweiterte sich mein Leben wiederum und ich erfuhr das Glück, den Weg zum Licht und zur Liebe gemeinsam mit meinen Schülern gehen zu können.

Durch die Beschäftigung mit Inneren Kampfkünsten seit meiner Kindheit entwickelte sich in mir das Verständnis, wie sich Angst und Gewaltbereitschaft in Liebe und den Wunsch zu heilen und zu helfen transformieren lassen.

In der spirituellen Philosophie der asiatischen inneren Kampfkünste nimmt das Ziel, sich selbst zu heilen und sinnvoll mit dem Leben und seinem Potenzial umzugehen, den zentralen Platz ein. Viele Menschen der westlichen Welt haben die große Heilungskraft dieses Gedankenguts im Taichi-chuan, den vielen Spielarten des Qigong und dem Ninjutsu schätzen und nutzen gelernt. Nach dem hermetischen Gesetz »wie oben so unten« lässt sich spirituelle Philosophie über den Körper und den damit zusammenhängenden Alltag praktisch erfahrbar machen und es lässt sich auch viel leichter unterscheiden, was wirklich funktioniert, was für den Betreffenden einen Sinn macht und was nicht.

Über den Schamanismus vermittle ich in meinen Seminaren meinen Schülern ein praktisches Verständnis ansonsten sehr abstrakter spiritueller Gesetze und Erkenntnisse. Über das friedvolle Ruhen im Hara entfaltet sich beinahe automatisch auf ganz natürliche Weise die Lotusblume in der Liebe im Herzen.

Die Natur ist das große Lehrbuch der Schöpferkraft, und über die spirituelle Tradition des Schamanismus ist es leicht, die darin verborgene Weisheit zu studieren und in Heilung und spirituelle Persönlichkeitstransformation umzusetzen. Gerne gehe ich in den Wäldern spazieren und verbinde mich vom Herzen her mit den lichtvollen Geistwesen der Natur in Ritual, Gebet und Meditation. Für mich ist das der notwendige Ausgleich zum Leben und Arbeiten in einem städtischen Umfeld und der Hektik unserer Zeit.

Die aus der Natur erwachsene Herzenskraft nehme ich mit in meine Seminare und Beratungen, um den leidenden und suchenden Menschen ihren Weg zum Glück gehen zu helfen. Gerade zu Beginn der neuen Zeit ist es so wichtig, sich von der Natur inspirieren zu lassen, um die für die notwendige Transformation unserer Lebensweise praktischer Umsetzung spiritueller Weisheit vornehmen zu können.

In meiner Kindheit und Jugend gab es große und zum Teil sehr ungewöhnliche Herausforderungen für mich. Deswegen musste ich es sehr frühzeitig lernen, auf mich allein gestellt für mich zu sorgen und zu mir zu stehen. Erst später habe ich verstanden, dass ein Teil einer spirituellen Ausbildung in Form von Unterricht stattfindet, ein anderer im Leben. So gelang es mir aus den Härten meiner frühen Jahre mit Hilfe spiritueller Wesen die Bereitschaft wachsen zu lassen und aus dem Herzen zu leben. Aus göttlicher Sicht betrachtet bietet jede Erfahrung einen Keim, der zu einer Pflanze des Glücks, der Schönheit und der Erleuchtung wachsen kann. Statt unter seinem Leben zu leiden, kann ein jeder die Erfahrungen zu Weisheit, Sinn und Liebe destillieren. Entsprechend der vielen bekannten Regel »Der Weg ist das Ziel« geht es dabei nicht hauptsächlich darum, einen bestimmten Entwicklungsstand zu erreichen, sondern um den Prozess, aus dem Disharmonischen Harmonie werden zu lassen. Sich immer weiter zu entwickeln. In der östlichen spirituellen Tradition wird dies als eine wunderschöne Lotusblume beschrieben, die aus dem Morast des Sumpfes wächst und sich mit ihren Wurzeln dort hält und nährt. Es steckt große Weisheit darin, sowohl die Blume als den Sumpf respektieren und lieben zu lernen.

Besonders großen Wert lege ich auch auf mein Liebesleben. Nach den Irrungen und Wirrungen verschiedener Beziehungen habe ich in Kyoto meine Traumfrau Junghee aus Korea getroffen. Das war Liebe auf den ersten Blick, doch war ich damals noch zu schüchtern, mich an sie heranzupirschen. In einem Traum während meiner Pilgerfahrt hat der Mönch Kûkai sie mir nochmals als meine Lebensgefährtin gezeigt. Jahre später hat mein Reikimeister Walter mich überzeugt, sie nach Deutschland zu holen. Reiki hat mir dabei die Kraft gegeben, die kulturellen Unterschiede und großen Entfernungen zu überwinden. Jetzt leben wir seit einigen Jahren glücklich in Heidelberg. Ihre unermessliche Liebe und Unterstützung in allen Lebensbereichen gibt mir die nötige Wärme, Geborgenheit und Schaffenskraft, um auf meinem Weg voranzuschreiten und vielen Menschen auf ihrem individuellen Weg helfen zu können.

Kontakt: Tel: 06271-947957
www.reiki-do-institut.com oder www.schamanische-heiler-ausbildung.de
markhosak@reiki-do-institut.com